PALAU

パラオにおける日本語の諸相

今村圭介　ダニエル・ロング

ひつじ書房

目　次

第 1 章　本書の目的と背景　　　　　　　　　　　　　　　　　　1

第 2 章　パラオにおける日本語使用の歴史的背景　　　　　　　7

2.1.　日本統治への移行まで　　　　　　　　　　　　　　　　7

2.2.　日本統治によるパラオの社会変化　　　　　　　　　　　8

2.3.　日本統治下の学校教育　　　　　　　　　　　　　　　 10

　　2.3.1.　日本統治下における学校システム　　　　　　　 10

　　2.3.2.　現地児童の教育方針　　　　　　　　　　　　　 11

2.4.　日本統治下の練習生制度　　　　　　　　　　　　　　 13

2.5.　日本統治終了後のパラオと日本　　　　　　　　　　　 13

2.6.　まとめ　　　　　　　　　　　　　　　　　　　　　　 14

第 3 章　パラオにおける日本語起源の地名　　　　　　　　　 17

3.1.　日本時代に作られた村など　　　　　　　　　　　　　 17

3.2.　ランドマークから転じた地域名　　　　　　　　　　　 18

3.3.　一般名称から転じた固有名称　　　　　　　　　　　　 20

3.4.　パラオ地名の日本的呼称　　　　　　　　　　　　　　 23

3.5.　まとめ　　　　　　　　　　　　　　　　　　　　　　 24

第 4 章　パラオ人に見られる日本の姓名　　　　　　　　　　 25

4.1.　日本名使用の背景　　　　　　　　　　　　　　　　　 25

4.2.　現在のパラオにおける日本名の使用　　　　　　　　　 28

4.3.	パラオ人の日本名の特徴	29
	4.3.1. 姓名の区別の意識	30
	4.3.2. 敬称 sang がつく名前	32
	4.3.3. 日本名のパラオ語の綴りへの統合	33
	4.3.4. その他の特徴	33
4.4.	まとめ	34

第 5 章　青年層パラオ人の日本語の特徴　37

5.1.	青年層に対する調査概要	37
5.2.	連体修飾	38
5.3.	時制(テンス)	39
5.4.	ノダ文	40
5.5.	ニとデの混同	40
5.6.	条件表現	41
5.7.	音声的誤用	43
5.8.	語彙的誤用	43
5.9.	まとめ	43

第 6 章　戦前世代の残存日本語　45

6.1.	調査及びインフォーマントについて	45
6.2.	若年層話者と共通する特徴	46
6.3.	文法の拡大用法	48
	6.3.1. 「ある」の拡大用法	48
	6.3.2. 「証拠性」表現の過剰使用	50
	6.3.3. 可能動詞「行かれる」の拡大用法	51
	6.3.4. 形容動詞の名詞活用	52
6.4.	語彙の拡大用法	52
	6.4.1. 日本語起源のパラオ語単語の使用	52
	6.4.2. 類似語混同現象	53

6.4.3.	単語の意味範疇の拡張	55
6.4.4.	コロケーションの誤用	57
6.5.	その他残存日本語としての特徴	57
6.5.1.	パラオ語の語彙の入れ込み	57
6.5.2.	残存形	58
6.5.3.	方言的特徴	59
6.6.	残存日本語と若年層話者の日本語の比較	61
6.7.	まとめ	63

第7章　戦前世代によるパラオ語の片仮名表記　　65

7.1.	調査の概要	65
7.2.	旧植民地における片仮名使用	66
7.3.	パラオ語の片仮名表記の特徴	68
7.3.1.	中舌母音	68
7.3.2.	閉音節	70
7.3.3.	二重母音・長音・促音	71
7.3.4.	その他日本語に見られない音素と音節構造	73
7.4.	研究書に見る片仮名表記との比較	74
7.5.	まとめ	76

第8章　アンガウル島における準ピジン日本語　　81

8.1.	調査背景と分析観点	81
8.2.	アンガウル日本語の歴史的・社会的背景	82
8.3.	アンガウル島民の日本語の理解・産出傾向	85
8.3.1.	調査概要と比較	85
8.3.2.	M の場合	86
8.3.3.	G の場合	86
8.3.4.	T の場合	87
8.4.	L の場合	87

vi

8.5. Hの場合 ... 89

    8.5.1. 理解 ... 89

    8.5.2. 産出 ... 91

    8.5.3. 母語の影響 ... 93

8.6. アンガウル日本語の接触言語としての分類 ... 94

8.7. まとめ ... 97

第9章　アンガウル州の公用語としての日本語 ... 99

9.1. パラオ国、及び各州の憲法と公用語 ... 99

9.2. 憲法における言語に関する記述 ... 100

9.3. アンガウル州憲法の社会言語的背景 ... 105

9.4. まとめ ... 107

第10章　パラオ語における日本語借用語の特徴 ... 113

10.1. 日本語借用語の分析観点 ... 113

10.2. 日本語借用語の収集 ... 114

10.3. 言語景観に見る日本語借用語の定着 ... 115

10.4. 日本語借用語の音韻及び綴り ... 118

    10.4.1. 母音の音韻及び綴り ... 118

    10.4.2. 子音の音韻及び綴り ... 120

    10.4.3. 子音音素の新規作成と表記のゆれ ... 123

10.5. 日本語借用語の意味変化 ... 127

10.6. 日本語借用語の文法的機能の変化 ... 128

10.7. まとめ ... 129

第11章　日本語借用語の使用変化 ... 131

11.1. 調査概要 ... 131

11.2. 話者別の日本語借用語使用語数の変遷 ... 132

11.3. カテゴリ別に見る日本語借用語の維持状況 ... 134

11.3.1.	動物	135
11.3.2.	植物・自然	136
11.3.3.	場所・地名	136
11.3.4.	住居	137
11.3.5.	生活用品	137
11.3.6.	食品・食生活	138
11.3.7.	学校	139
11.3.8.	運動・スポーツ	139
11.3.9.	遊び・娯楽	139
11.3.10.	農業・漁業	140
11.3.11.	商業・経済	140
11.3.12.	身体	141
11.3.13.	医療・衛生	141
11.3.14.	服飾・美容	141
11.3.15.	土木・建築	142
11.3.16.	乗り物	143
11.3.17.	通信	143
11.3.18.	戦争	143
11.3.19.	司法・行政	143
11.3.20.	宗教・伝説	144
11.3.21.	人物評価	144
11.3.22.	その他物質	145
11.3.23.	概念名詞	145
11.3.24.	その他動詞	146
11.3.25.	その他形容詞	147
11.3.26.	副詞	148
11.3.27.	表現	148
11.4.	日本語借用語使用の意味変化	148
11.5.	まとめ	150

第 12 章　日本語借用語の音韻規則の変化　　153

12.1.	調査概要	153
12.2.	有声後部歯茎摩擦・破擦音［ʤ］	155
12.3.	有声歯茎摩擦音・破擦音［z］,［ʣ］	156
12.4.	無声歯茎破擦音［ts］	157
12.5.	声門閉鎖音［ʔ］	158
12.6.	歯茎鼻音［n］	160
12.7.	声門摩擦音［h］、両唇(唇歯)摩擦音［ɸ］	160
12.8.	長母音及び二重母音	160
12.9.	その他	162
12.10.	まとめ	162

第 13 章　旧南洋群島の諸語における日本語借用語との比較　165

13.1.	比較の重要性及び方法	165
13.2.	品詞別に見る日本語借用語の比較	167
13.3.	戦後の変化に見る日本語借用語の比較	168
13.4.	派生語に見る日本語借用語の比較	171
13.5.	まとめ	173

第 14 章　総論　　175

参考文献	179
付録　日本語借用語一覧	187
索引	220

第 1 章　本書の目的と背景

　本書は、現在も様々な形でパラオに残る日本語の諸相を記述・分析・考察するものである。パラオは戦前、日本の委任統治領であり、ミクロネシア地域の統治の中心となる南洋庁が置かれたため、日本から社会的・言語的な影響を大きく受けた。その中でパラオ人のなかに流暢な日本語話者を生み出すとともに、現在までに様々な形で日本語の影響が残る。そのような言語的な影響は図 1–1 のように示すことができる。相互に関係する大きな影響として、残存日本語、日本語借用語、日本語の準ピジンが見られる。また、三つに関わる点として憲法における日本語の公用語としての地位、人名・地名が見られ、文字面の影響として片仮名の使用が見られる。第 2 章では、まずそのような背景となる日本統治の歴史と社会的・言語的影響について概略的に説明する。

　第 3 章、第 4 章ではそれぞれ、日本人移民の影響として残る地名・人名について考察する。戦前当時に使われた名称が道路や交通状況が変わってもなお使われている地名、現地の慣習も相まって複雑に残る日本名を考察することで、当時の影響の深さが垣間見られる。

　第 5 章、第 6 章では、他の旧植民地・委任統治領と同様に、現在の老年層世代が半世紀以上前に日本語教育により習得した言葉を「残存日本語」として分析する。第 5 章ではまず比較対象とする青年層の日本語を分析する。第 6 章で残存日本語の特徴を若年層の中間言語と比較しながら考察していく。

　第 7 章では、話し言葉に加え、現在にも使用される書き言葉における日

本語使用について考察する。老年層は日本語を書くことに加え現地語であるパラオ語表記に日本の文字(片仮名)を使用する点に着目し、言語学的な分析を行う。

　第8章、第9章では、パラオの離島アンガウル島における日本語使用について考察する。アンガウル島は戦後も日本人が10年間弱居住したことなど、特殊な社会背景があるために、日本語の公用語指定や、準ピジン日本語が使用されている。

　第10章〜13章では、パラオ語における日本語借用語の詳細について考察する。パラオ語では1000語弱の日本語借用語が使用されている。第10章でパラオ語における日本語借用語の特徴を記述・分析する。戦後はその日本語借用語が変化している。第11章、第12章では、それぞれ使用傾向の変化、音韻変化を記述していく。第13章では、旧南洋群島であった地域の、他の言語における日本語借用語との比較を行っていく[1]。

　なお、本書では基本的にはインフォーマントの名前を公開している。研究は当然ながら話者の承諾を得て行われたものであり、彼らの協力なしでは実

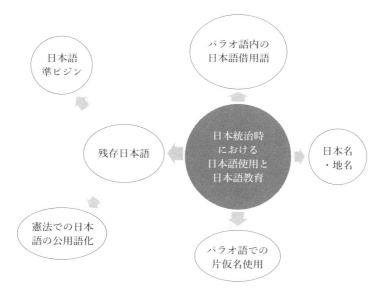

図1-1　パラオにおける日本語の影響の模式図

現しなかった。実名で成果を公表することによって、はじめて彼らへの感謝および敬意を表すことになると考えている。

　本書の内容は主に筆者2人が2010年よりパラオにおいて多数回行ったフィールドワークの成果であり、以下の既発表の論文・発表の内容を整理し、加筆・修正を行ったものである。

1. Imamura, K.(2013) "The Development of Japanese Family Names in Palau and the Maintenance of Japanese Given names in the Post-Colonial Period" (9th International Conference on Small Island Cultures)Tual, Indonesia

2. Imamura, K. & Masaichi, J.(2016) "Phonological Change of Japanese Loanwords in Palauan: Toward the standardization of spelling of loanwords"『教養部紀要』46: 35–46 東京医科歯科大学

3. 今村圭介(2017a)「パラオ語における日本語借用語の変化」『教養部研究紀要』47: 17–32 東京医科歯科大学

4. 今村圭介(2017b)「日本統治を経験したパラオ人によるパラオ語の片仮名表記」『日本語研究』37: 31–42 首都大学東京

5. Imamura, K.(2018) "Pursuit of insular authenticity: Spelling reform of loanwords in Palauan" *Shima: The International Journal of Research into Island Cultures,* 12(1)

6. Long, D. & Imamura, K.(2013) *The Japanese Language in Palau*(国立国語研究所共同研究プロジェクト：日本語変種とクレオールの形成過程、報告書)

7. ロング・ダニエル、今村圭介(2013)「パラオで話されている日本語の実態—戦前の日本語教育経験者と若年層日本滞在経験者の比較—」『人文学報』473: 1–30 首都大学東京

8. ロング・ダニエル、今村圭介(2015)「日本語が公用語として定められている世界唯一の憲法—パラオ国アンガウル州憲法—」『人文学報』503: 61–77 首都大学東京

9. ロング・ダニエル、今村圭介(2016)「パラオ国アンガウル島における日本語の使用」『日本語研究』36: 13–26 首都大学東京

　なお調査には、多くの方々に協力を賜った。以下に記する方々に感謝したい。また、名前を伺わずに調査に間接的に協力していただいた方々、名前を聞かずに偶然に話を伺い、結果として調査の協力をしていただいた方々も大勢いる。同時に、ここに感謝の意を捧げたい。

　Jesus Belibei, Humiko Kingzio, Lerry Ruluked, Toshiwo Akitaya, Tokie Morei, Maria Asanuma, Sato Remoket, Elizabeth Vereen, Horace Rafael, Lerry Ruluked, Erik Vereen, Anna Hideo, Faustina K. Rehuher-Marrug, Jonathan Masaichi, Kyoko Ngotel, Tadao Ngotel, Tutti Chilton, Kennedy Kingzio, Olympia Morei, Victorio Ucherbelau, Maria Gates-Meltel, Takashi Nikolas Takami, Thomas Moses, Leon Gulibert, Masaharu Tmodrang, Momotaro Timothy Ueda Rafael, Antonina Antonio, Singeo Techong, Sintaro Kual, Terue Daniel, Remusei Tabelual, Junko Konishi, Hironobu Yamagami, Yumiko Sugawara, Howard Charles, Jodi Jones, Hilda Aot Kloulechad, and Youji Kurata(敬称略、順不同)

　本研究は JSPS 科研費研究活動スタート支援 00732679「ミクロネシア地域における日本語借用語の流入・変容・衰退に関する歴史社会言語学的研究」、基盤研究(B)15H05158「太平洋諸語日本語起源借用語逆引き辞典を作成するための現地調査研究」、基盤研究(C)24520502「ネイティブ不在地域で発生した新型接触言語—『アンガウル島日本語』の調査研究—」の助成を受けたものである。また本刊行物は JSPS 科研費 18HP5079 の助成を受けたものである。

　なお、以下図 1–2、1–3 でパラオと日本の位置関係、及びパラオの地図を示す。本書の理解のために参照されたい。

図 1–2　パラオと日本の位置関係

注
1　比較に際して、便宜的に大まかな話者の世代区分を次のように設定した。10 代：若年層、20 代 –30 代：青年層、40 代 –50 代：中年層、60 代 –70 代：高年層、80 代 – ：老年層（日本統治時代経験者）

図1–3　パラオの地図

第2章 パラオにおける日本語使用の 歴史的背景

　本章では、パラオにおいて日本語の影響が様々に残っている歴史的背景を記述する。パラオが日本統治領となる前後の歴史に関してはすでに、様々な文献でまとめられているため、本書で再度詳しく記述する必要はないだろう。以下では、日本語の使用に関わる部分のみを Peattie（1988）、ピーティー（2012）、Rechebei & McPhetres（1997）、宮脇（2006）を中心に参考にしてまとめていく。

2.1. 日本統治への移行まで

　Etpison（2004: 59）によると、考古学的な証拠から、パラオは紀元前 1000年ほどから定住が始まったようである。建築スタイルが似ていることから現インドネシアの Sulawesi 島のトラジャの人々が移住したとされる。言語系統論から見ても、インドネシア地域の言語との関係が指摘されている（Lynch 1998: 50）。また、パラオの貨幣はインドネシアで作られたと考えられており、移動元の地域との交流が続いていたと思われる（Etpison 2004）。

　西洋との接触は大きなもので 1783 年が最初の大きな接触であったが、1885 年スペインが領有権を主張するまでは、西洋からほとんど関心を寄せられていなかった。米西戦争でのスペインの敗北とともに、スペインは 1898 年にパラオの領有権をドイツに売却した。ドイツはパラオでコプラ生産やリン鉱石の採掘などに着手し、現地人を労働力として頼っていった。また宣教師も多数パラオに来て、伝道活動の一環としてミッションスクールを

はじめ、現地人への教育をしていた。

　1914 年に第一次世界大戦が始まると、日本が正式に連合国側に加わり、ドイツに宣戦布告をした。その後防衛策を講じていなかったドイツ領ミクロネシアを日本が獲得し、パラオも日本の一部として組み込まれた。この時点ではパラオには海軍が防衛守備隊を置き、管理をしていた。1919 年に正式に国際連盟よりパラオを含むミクロネシア地域の島々を日本の委任統治領とすることを認められた[1]。国際連盟規約は、委任統治を請け負う国は、当時の世界情勢の中で自立が難しい地域の発展の責務を負うとしている。その中で日本は、以下の 5 点の遵守が義務付けられた（Shorett 1970: 257 筆者今村訳）。

　　a)　ミクロネシアの物質的・精神的な幸福と社会的な発展を振興すること
　　b)　伝道活動と教会での賛美を認めること
　　c)　国際連盟に年次報告を提出すること
　　d)　奴隷制度、武器・弾薬の貿易、アルコール飲料を認めないこと
　　e)　基地建設とミクロネシア人の兵士訓練を行わないこと

2.2.　日本統治によるパラオの社会変化

　日本統治が始まり、これまでのスペイン統治・ドイツ統治時代には起きていなかった、大きな変化が起きた。まず、道路が整備され、石造りの家が建てられ、学校、病院、通信設備なども整備されて行った。

　バベルダオブ島では農業を担う入植者が政府により募集され、現在の州名でゲサール州に清水村、アルモノグイ州に朝日村、ガスパン州に大和村、アイライ州に瑞穂村、アイメリーク州に最上村の 5 つの開拓村が作られた。政府の思惑通りには入植が進まなかったようだが、その中で日本人移民の数は増え続け、2000 人近くにも達した。

　一方コロールは 1930 年代に、漁業の成長から中心街として急速に発展した。沖縄人の漁師が大量に移住し、それとともに様々な商業が発展して行っ

た。建築ブームが起き、新しい家屋、病院、商店、レストラン、学校、さらにはデパート、映画館、野球場、遊郭なども建てられた。コロールの日本人人口は 1932 年の時点では 8 割近くまで達した[2]。

　三等国民として扱われていたパラオ人は日本人や沖縄人とは異なる生活であったが、当然日本人との接触が多くあった。森岡（2006）や三田（2008）のインタビューにも見られるように、当時のパラオ人の子供たちは日本人から

図 2-1　日本統治下で発展したコロール（Belau National Museum）

図 2-2　日本統治下のコロールの酒屋（Belau National Museum）

10

「島民」と差別され、馬鹿にされることが多々起きたという。一方、後に述べる練習生と呼ばれる放課後の日本人宅でのお手伝いの中などで日本人と良好な関係を築くパラオ人もいた。

2.3. 日本統治下の学校教育

2.3.1. 日本統治下における学校システム

　南洋庁下での現地人の教育は軍政期(1915–1918)、民政期(1918–1922)、南洋庁期(1922–1945)に区分される。パラオ人は、軍政期には日本人と区別されずに教育が行われ、民政期には島民学校、南洋庁期には公学校という呼称の下で日本人と区別されて教育が行われた。民政期、南洋庁期における日本人の教育は、それぞれ尋常小学校、国民学校において行われた。

　公学校は、パラオにおいては、コロール、マルキョク、ガラルド、ペリリュウ、アンガウルに設置され、1930年代には対象年齢の児童のほぼ全員が学校に通っていた[3]。国民学校はコロール(パラオ第一、パラオ第二)、アンガウル、清水村、瑞穂村、朝日村、大和村、ペリリュウ、ガラスマオ、マルキョク、ガスパンに存在していた。国民学校は1919年より「南洋群島島民学校規則」の下に、1922年より「南洋庁小学校規則」の下に内地の小学校に準ずる形で行われた。

　日本人との混血のパラオ人の場合は、日本人に対する小学校である国民学校に行く場合もあったようである。パラオ人の話では、政府の役人はパラオ人と結婚することが厳しく禁じられており、それを破った場合は、子供は日本人と認められなかったという(Mita 2009: 51)。一方、一般日本人がパラオ人と結婚することは自由であり、その子孫が国民学校に行くことが認められていた。その場合も状況に応じて、国民学校に行くか公学校に行くかは個々人の選択であった。後に言語分析をするHumiko Kingzioは、国民学校に行っていたが、戦争が始まった後、母親が日本人として戦争に駆り出されるのを心配して、公学校に行くようになったという。

2.3.2. 現地児童の教育方針

　公学校は本科 3 年で、優秀な学生はその後に補修科 2 年のコースがあった。国民学校（初等科）が 6 年の教育であったのに比べて短く、教育は主に労働力としての役割を果たしてもらうための皇民化教育であった。現地の教育が始まってからまもなく、1915 年に布かれた「南洋群島小学校規則」にはその草案方針として次のように示されている。

　　　小学校設置の主旨は、南洋群島民を日本化するにありと信ず、国語を教えて日本化の基本を作り、徳育を施して児童の信念を練り生活に必須なる知識を授けて智能を啓発し、且体育に留意して以て修身奉公の道を知らしめ、純良なる帝国臣民を養成すべきことは、此の主旨に副ふ所以なるを以て、先ず第一条に於てその精神を闡明したり

（宮脇 2006 より再引用）

　その後、教育内容が変遷した後も基本的な方針は変わらなかった。1941年にパラオに教科書編纂掛として赴任した中島敦も「現下の時局では、土民教育など殆ど問題にされてをらず、土民は労働者として、使ひつぶして差し支へなしといふのが為政者の方針らしく見えます」と同年の書簡で述べており、当時の教育体制に対しては批判的であった（中島 2002: 627–628）。

　1928 年の南洋庁公学校規則改正後のカリキュラムは、表 2–1 で示すように、「修身、国語、算術、理科、図画、手工、唱歌、体操、農業、家事（女）」で、補習科ではこれに「地理」が加わっていることがわかる。また、大部分が国語の教育に割かれていたこともわかる（南洋で使われていた国語の教科書は図 2–3 に示す）。三田（2011: 143）は「『島民』教育は、日本語の習得に最も力を入れつつ、『島民』の生活の質を向上させる（と為政者が考えた）基礎的知識および実践的知識の授与を行うものであると同時に、『島民』を『皇民』に教化してゆくものだった」と述べている。なお、ごく一部の優秀な児童は補習科 2 年の後に、就業年数 2 年の木工徒弟養成所への入学が許可された。

表 2–1　1928 年の公学校のカリキュラム（三田 2011 より引用）

	本科 1 年	本科 2 年	本科 3 年	補習科 1 年	補習科 2 年
修身	1	1	1	1	1
国語	12	12	12	10	10
算術	5	5	5	4	4
地理				1	1
理科		1	2	2	2
図画	1	1	1	1	1
手工	1	1	1	2	2
唱歌	3	1	1	1	1
体操		2	2	2	2
農業		1	2	4	4
家事		女 1	女 2	女 2	女 2
計	23	男 25 女 26	男 27 女 29	男 28 女 30	男 28 女 30

　上記のような状況は当然、植民地支配の問題点として指摘される。一方、言語的にはレベルに差はあるものの、教育を受けたもののほとんどが日本語を話すという状況を作り出した。

図 2-3　公学校教科書『南洋國語讀本』

図 2-4　公学校の様子（Belau National Museum）

2.4. 日本統治下の練習生制度

　学校教育の他に、日本語習得に大きく関わった部分として、多くの児童が参加していた練習生制度がある[4]。学校に通うパラオ人児童は日本語を練習するために、政府の役人や官営企業に勤める役人の家庭に行き、家事を手伝い、小額の賃金を受け取っていた。児童は、受け取った賃金を貯蓄したり、お菓子を買ったりしていたようである。

　練習生の体験はそれぞれで異なり、よく扱われた者もいれば、そうでなかった者もいたようである。良い家庭の下で練習生をしたパラオ人児童は日本に連れて行ってもらった者や、戦後も連絡をとり再会した者もいたようである。待遇はそれぞれ異なっていたが、日本人と定期的に交流をし、日本語を使い、日本の生活様式や習慣を学ぶ機会が多くの児童にあったことは間違いない。三田（2008）は賃金労働や貯蓄を学び、購買から市場経済に親しむ意味もあったと考察している。

2.5. 日本統治終了後のパラオと日本

　第二次世界大戦の終結とともにパラオはアメリカの信託統治領となり、ア

メリカの影響を強く受けることになる。1994 年に独立をしてもアメリカと
自由連合盟約を結び、経済的な援助など今も大きな影響を受けている。当然
日本語は使われなくなっているが、戦前に日本語で教育を受けた世代は継続
して日本語を使ってきた者もいる。主には他のミクロネシア人との交流にお
いてリンガフランカとしての使用と、子供に秘密の話をする時の使用などの
用途であった。加えて、1980 年代から増え始めた日本人観光客に対して日
本語を使う仕事をして、日本語を使い続けた者もいる。

　2015 年時点での JICA ボランティアは 12 名である。また、民間の交流に
おいては、2017 年の時点では週 3 回の直行便の飛行機も運行しており、年
間 3 万人を超える日本人観光客がパラオを訪れている。2015 年の国勢調査
によると、在パラオ日本人は 181 人に上る。そのような状況の中で、観光
客に対して日本語を使用する者や、観光客向けの日本語看板などもよく見ら
れるのである。

　現在のパラオではアメリカからの文化的影響から、日本の文化の影響は薄
れつつあるものの、日本統治時代に根付いた習慣の一部も色濃く残ってい
る。

2.6.　まとめ

　以上のようにパラオは、日本統治の中で教育や社会構造の変化が起き、物
質的、精神的な文化の影響を大きく受けた。当然それらを表す日本語はパラ
オ語に入り込んだ。それまでパラオになかった近代的な概念や物質を表す言
葉がパラオ語の一部として根付いていった。また、日本統治下でパラオ人児
童は、学校教育や練習生制度により日本語を第二言語として、教室学習・自
然習得していった。戦後は日本語の使用が激減したものの、リンガフランカ
や秘密話用の言語として、また日本人観光客との会話に用いられ、維持され
ていった面もある。そのような中でパラオには様々な形で日本語が残る。次
章以降でその詳細を記述・分析・考察していく。

注

1 日本統治までのミクロネシア地域の歴史的な流れは、我部(1988)に詳しくまとめられている。

2 ここで言う日本人には、当時区別されていた沖縄人も含まれる。図6–1の南洋庁統計年鑑に、沖縄人を日本人に含む当時の人口の分け方がわかる。

3 なおPeattie(1988: 92)は他の南洋庁下の島々は半分以上の児童が学校に通っていたと指摘している。

4 森岡(2006)は練習生制度について次のように述べている。「この制度については学校規則には書かれていないので、おそらく日本人の校長が教育の一環として考えついたものであろう。したがって、この「練習生制度」は制度として決められたものではない。」しかし三田(2008)のインタビューでは、「練習生制度の候補者リストに名前を載せる」ことや、「賃金は1ヶ月1円50銭と決められていた」との証言があり、学校規則に書かれていなくても、制度として確立されており、広く浸透していたと考えられる。

第3章 パラオにおける日本語起源の地名

　パラオでは、日本時代の地名や日本語の固有名詞から転じた地名など、様々な形で日本語起源の地名が使用されている。以下で、パラオの地名について詳しく分析していく。

3.1. 日本時代に作られた村など

　第2章で概略を述べたように、日本統治時代に計画的な入植が行われた地域の名前が、清水村＝Shimizu など日本語を話す際だけでなく、パラオ語を話す時にも使用される。また日本時代に作られた「旭球場」は今も使われており、Asahi Baseball Field として名前がそのまま引き継がれている。

　日本時代に作られた村や場所がそのままの形で残るのは不思議ではないが、日本統治前に既に存在していた地名にも日本名が残る場合もある。Ngiwal の村は元々存在していたが、日本時代に太陽村と呼ばれ、その呼称も同時に残っている。図3–1 は Taiyo 出身者がオーナーであるレストランの看板であり（中国人向け中華レストラン）、TAi-Yo と名付けている。また、バベルダオブ島は、パラオにおいて一番大きな島であるため、日本時代に「本島」と呼ばれていたが、その名前が *honto* として今でも広く浸透して、使われている。一方中心街であるコロールは「街」*mats* と呼ぶものがいるが、これは定着していない。バベルダオブ島が Babeldaob で3音節、コロールが Koror で2音節のため、Babeldaob の音節数の長さが影響して Honto の使用が定着した可能性が考えられる。

図 3-1　太陽村(Taiyo)出身者のレストランの看板

3.2. ランドマークから転じた地域名

　日本時代に建築され、その地域のランドマークとなった建築物などが地名に転じた例も見られる。コロール市街地の東側にある住宅街に Mokko という地名が残っている。現在でも写真の *Mokko Village Apt.* や *DNR Mokko Retail Store*(図 3-2、図 3-3)などに見ることができる。Mokko という地名は戦前の木工徒弟養成所に遡る(図 3-4)。学校自体がなくなってから数十年経った現在でも地名にその名残が見られる。

図 3-2　コロール市街地の東側にある *Mokko Village Apt.*

図 3–3　木工に由来する *DNR Mokko Retail Store*

図 3–4　1932 年木工徒弟養成所の様子

　また、バベルダオブ島のアイライ州からコロールに向かって大橋を渡ってすぐのところに Renrak(Rengrak) という地名が見られる（図 3–5）[1]。戦前に橋が架かっていなかった時に二つの島をつなげる連絡船（渡し舟）の船着場があったところである。現在のインターネット天気予報の地図でも採用されている（図 3–6）。国連（OCHA 2012）が作成した公式な地図（図 3–7）にもその地名が記されているのである。

図 3–5 Renrak と呼ばれている地区　　図 3–6 インターネット天気予報で使われる Renrak

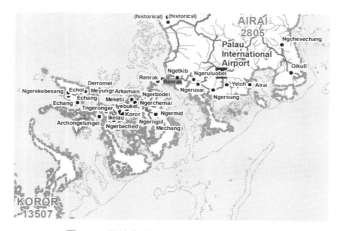

図 3–7 国連作成の地図に見られる Renrak

3.3. 一般名称から転じた固有名称

　日本語では一般名称である語がパラオで固有名詞(地名)と化した例もある。図 3–8 のように、日本統治時代に灯台があった場所が Todai と呼ばれるようになっている。パラオにおいて Todai は一般名称ではなく、この一箇所の灯台跡地のみを指す。現在はコンクリート製の土台が崩れているが、バベルダオブ島アルコロン州の重要な観光資源の一つとなっている。

第 3 章　パラオにおける日本語起源の地名　21

図 3-8　Todai

　パラオ語において Todai が固有名詞化していることはパラオ保全局（Palau Conservation Society）が英語で作成したアルコロン州（Ngarchelong State）の紹介パンフレットにある。以下の抜粋（下線は筆者による）に見られるように、Todai は大文字で始まる。そして、"the *todai*" や "a *todai*" のように冠詞がつくこともない。

　Todai Communications Center
　　The Japanese occupied Palau from 1918 to 1945. Todai served as a Communications Center and a headquarters during World War II. Completed in 1936, Todai was built entirely by hand without the use of vehicles. Rocks and cement were carried from the nearby Ollei Port by Palauans from Ngarchelong and neighboring Ngaraard. From its amazing vantage-point, Todai offers a nearly 360 degree view of the adjacent reefs and waters. Today Todai stands as a testament to Palau's varied political and cultural history. State employees at the Badrulchau and Todai historical sites can assist with permits on weekends.　　　　（Ngarchelong State Government, 2013）

　同様な一般名詞の固有名詞化が以下の Taki にも見られる（図 3-9）。カラスマウ（またはガラツマオ Ngardmau）州にある観光地である。州の公式ホー

ムページでは"Taki Falls"や"Taki Waterfall"と称されており（Ngardmau 2013）、周辺は"Taki Nature Reserve"（タキ自然保護区）と呼ばれている。なお、パラオには他の場所にも滝が存在するが、それらの滝はTakiと呼ばれることはない。

図 3-9　Ngardmau にある Taki

また、日本時代に定期船が運行していたコロールの船着き場には、待合室が存在した。その建物は、今は使われていないが matsiaisits と呼ばれてい

図 3-10　コロールにある Matsiaisits

る。病院などにも待合室が存在するが、それは matsiaisits とは呼ばれない。

このように、日本時代の「連絡船と言えば、そこしかなかった」、「灯台と言えばそこしかない」というパラオのような狭い土地が原因となり、このような一般名詞の固有名詞化が起こったと言える。

3.4. パラオ地名の日本的呼称

次に、日本地名ではないが、パラオ地名の日本的な呼称について述べる。パラオの多くの地名は、語頭に軟口蓋鼻音の "ng"［ŋ］が来るなど、日本人を含むパラオ語を解さない者にとって発音が難しい。スペイン時代から外国統治が始まる中で次第に「外国人用の」パラオ地名が形成されて行った。表3–1 はそれらの変異と日本語表記である。これらは日本時代から受け継がれており、現在までも引き継がれている。戦前に教育を受け、日本語を話すパ

表 3–1　パラオ地名の表記

Palau, Belau，パラオ
Aimeliik, Imeliik，アイメリーク
Airai，アイライ
Angaur, Ngeaur，アンガウル
Arakabesan, Ngerkebesang, Ngarkebesang，アラカベサン
Babeldaob, Babelthuap，バベルダオブ
Hatohobei, Tobi, Tochobei, Hatobei，ハトベイ
Kayangel, Ngcheangel，カヤンゲル
Koror, Oreor，コロール
Malakal, Ngemelachel，マラカル
Melekeok, Melekeiok，マルキヨク
Ngaraard, Ngerard，ガラルド
Ngarchelong, Ngerchelong，アルコロン
Ngardmau, Ngerdmau，ガラツマオ
Ngatpang, Ngetbang，ガスパン
Ngchesar, Ngesar，ゲサール
Ngeremlengui, Ngaremlengui，アルモノグイ
Ngiwal，オギワル
Pelilieu, Beliliou，ペリリュウ
Sonsorol，ソンソロル

ラオ人も日本語を話す時には片仮名表記に近い形で発音する。

3.5. まとめ

　以上見てきたように、パラオにおいては、日本地名がいくつかの形で残っている。それらは(1)日本時代に作られた村の呼称、(2)日本時代に建築された建物などがランドマークになり地名に転じたもの、(3)一般名称から転じた固有名称、(4)現地の地名が日本的に発音されるもの、などである。

注
1　Renrak と Rengrak と二つの綴りのバリエーションの存在理由については、10.4.2 において詳しく述べている。

第4章　パラオ人に見られる日本の姓名

　パラオに渡った日本人はパラオ人と結婚する者も多くいたため、日系人にその名前が残る。例えばパラオの商店である Asanuma store や Yano store と言った家系、また、1992年～2000年に大統領であった、Kuniwo Nakamura などが日系である。パラオに渡った日本人の出身地は様々であり、沖縄の名前である金城や、八丈島の名前である浅沼など各地の特徴的な名前が観察される。日系人の場合は日本名を継承して使っていくのは不思議ではないが、パラオでは非日系人の多くも、日本名を保持している[1]。日本名の使用が特に変わったことではなく、今でも引き継がれている。本章では、パラオにおける日本名が定着に至る経緯、その使用の特徴を考察していく[2]。

4.1.　日本名使用の背景

　パラオにおいて、非日系人に日本名が定着した理由は、a)日本統治時代に姓の使用が定着し始めたこと、b)日本時代に日本語による教育が徹底され、公学校に通う子供に日本名が与えられることがあったこと、c)日本統治時代の社会状況で、生まれた子供に日本名による命名が広まったこと、d)戦後もパラオの慣習により家族の名を継承されること、が挙げられる。

　パラオでは姓の使用の慣習が元々なく（一族の名前や部族の地位の名前はあり、後に姓として定着したものは存在する）、スペイン・ドイツの放任主義的な統治の中では姓の使用の慣習が本格的に始まらなかった。そのため日本統治が始まり、近代的な生活環境が整い始める中で、姓の使用の慣習が定

着していった。婚姻届、出生届、土地台帳、相続、税金などの手続きには必然的に姓の使用が必要であった。なお、日本統治時代の写真などを確認すると、公学校の生徒で姓がある者とない者がおり、子供には姓が完全に定着した訳ではなかったようである（図4–1）。

いずれにしろ、日本時代に姓の使用が定着し始め、その際にパラオの名前を使うものもいたが、利便性から日本人の名前を使用する者が多くいた。名前を変更せず、元々なかった姓に日本名を加えることには抵抗が少なかったと考えられる。

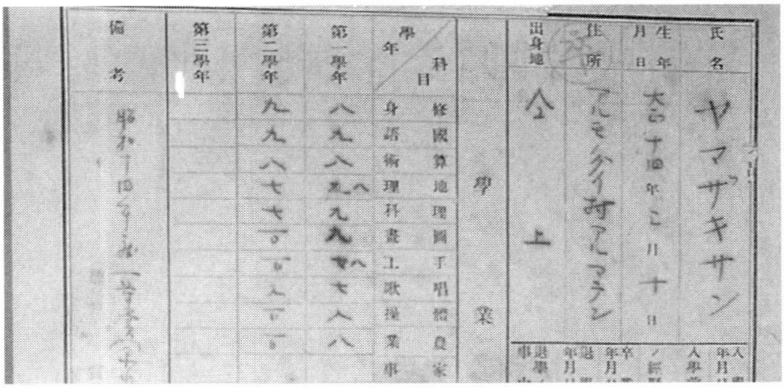

図 4–1　補習科の成績表における氏名（名のみの使用）（Belau National Museum）

日本名の定着は、公学校における教育の影響も大きい。日本人教員が教える際に発音しにくい、わかりにくいということも多かったようであり、その際に日本名をつけられる者もいた。そのような例として Mita（2009）のオーラルヒストリーの中に、次のような話が見られる。「私の日本名は春子です。先生が『あなたはいつも笑顔で幸せそうに見えるから、春子って名付ける』って言ったんです」（Mita 2009: 137 筆者訳）。また、その他にも日本人との交流の中での必然的に必要になり、パラオ名と日本名を両方持つ者もいる。例えば、Remusei Tabelual という人物は日本名を Fumiko Horikomi という名前を持つ。日本本土で勉強する機会があり、そのためにつけられた名前であったという。その後もその名前を使っていたようである。

上記に加えて、姓にパラオ名を持つと日系人でないことがすぐにわかり、仕事の選択が限られてしまう可能性があり、日本名を使いはじめたという話も聞かれる。そのため、日本統治時代に生まれたパラオ人には、日系・非日系を問わず、生まれたときに親から日本名で命名された者もいる。非日系人のそのような例として Sato Remoket という者がいる。Remoket の親は日本人の友人の名前をそのまま取り、子を Sato と名づけた。

戦後は、日本名の姓と、パラオの親族の名を継承する慣習から、日本名が継承されていった。また、パラオでは米国のように親と子が同じ名前を持つこと（子が〜Jr.）は聞かれないが、ある者が祖父などの親族と同じ名を持つことは普通である。そのような慣習から現在も日本名を持つ親族の名前を継承していく者もいる。なお戦後は、クリスチャンネームなどで改名する者もいた。例えば、Mattias Akitaya は、日本名を Toshiwo Akitaya と名乗り、日本人の父親から日本名をつけられたが、戦後にクリスチャンネームを使用するようになった。

旧南洋群島（現在の北マリアナ諸島、マーシャル共和国、パラオ共和国、ミクロネシア連邦）において日本名がこのように多く残るのはパラオのみである。他の島々にも似たような社会的な状況があったが日本名の使用はパラオほど定着しなかった。例えばサイパンの場合は、スペイン統治時代にはその影響が強かったため、姓の使用の慣習が始まった。そのため、日本統治が始まった時に新たに日本名の使用を始める必要がなかった。日系人の場合も、父系社会であるサイパンにおいては、現地人ではない日系人の家系によって社会的な立場が悪くなることを恐れ、改名をして日系人であることを隠すことがあった。母系社会であるパラオにおける社会的な立場が日本人父によって不利になることはなく、日本人の姓がそのまま残っていったと考えられる。また、ヤップでは土地の分配がそのまま名前になる慣習がある上に、戦後クリスチャンネーム（洗礼名や教会が関係して名付けられるもの）の使用が広範囲に広まった。土地の名前やクリスチャンネームは重要な意味を持ったが、戦時中に使われていた日本名は、そういった意味を持たず使用が定着しなかった。また、父系社会であるヤップでは日本人の父を持っていて

も社会的に認められないため、日本名があってもそれが継承されにくいという理由もある。

4.2.　現在のパラオにおける日本名の使用

　表4–1はパラオの電話帳（2012年度版）における全数に対する日本名の割合である（2005年の人口調査における人口は19,907人）。近年に移り住んだ日本人なども登録されているため、日本人も数名含まれている。しかし、フィリピン人や韓国人なども多く登録されているため、実際に日本名を持つパラオ人の割合は少し高いと考えられる。

表4–1　電話帳における日本名を含むもの人物の割合

	名	姓	どちらか一方	全数
人数	343	457	703	3576
％	9.59％	12.78％	19.65％	―

　日本統治時代に生まれた世代が非常に少ない中、20％弱の人が日本名を持っていると考えると、よく定着していると言える。日本統治が終わり70年以上経った時点では当然、姓に日本名を持つ者の割合の方が名に日本名を持つより多い。日本統治時代は名に日本名を持つ者が多かったが、アメリカ統治に移行する中で英語名を持つ者が多数になってきている。その様な命名法の慣習の移行は顕著であったようで、あるパラオ人の話によると、パラオでは以下のようなやり取りが行われることがあるという。

　A：「あなたの弟って僕より年上？」
　B：「弟の名前は〜で英語名でしょ？だから日本名を持つあなたより年下だよ。」

　実際にそのような判断が全ての人に当てはまるわけではないが、一定の目

安にはなっているようである。

　なお、名に日本名を持つ若い世代は減っているものの、決して珍しいことではない。そのことを示す例として *Palauan Alphabet*(Phillips 2004)という本に見られる各アルファベットで始まる語の例が見られる(図 4–2)。現地の A で始まる語の例として "Asao" という名が人の絵とともに書かれている。本はアメリカの児童絵本作家による著書で、他のミクロネシア各言語で同様の本も執筆している。著者がミクロネシアの各言語に精通しているとは思えないため、恐らく現地語の話者に各アルファベットで始まる語を聞いて作成したのではないかと考えられる。A で始まる語が少ないことが大きな理由だが、そこで日本名が挙がることが、日本名がパラオ人の中に今でも違和感なく定着していることを示すと言える。

図 4–2　パラオの児童書に見られる日本名

4.3. パラオ人の日本名の特徴

　パラオにおいて現在も使用される日本名は特徴的な点が 3 点ある。それらは姓名の区別の希薄性、敬称 sang の使用、特殊な名前(一般名詞の使用など)、パラオ語の綴りへの統合である。以下一つ一つ、その特徴の背景とと

もに考察していく。

4.3.1. 姓名の区別の意識

　日本統治が始まった時点でほとんどの者が一つの名前しか持たなかった。日本名が入った後も、姓名の区別の意識は形成されなかった。現在も、姓を使い始めて日が浅いため、姓と名は異なる役割を持つという印象は薄く、法律的な手続きの為に二つの名前が必要といった程度の認識である。人口が比較的少ないため、親族の名前や出身地などで個人の出自が認識されることも多く、その点でも姓の役割が小さいことが影響している。そのため、日本名にも姓と名の役割と順序の意識の希薄さが表れ、日本では確認されない日本名の使用傾向が見られる。

　そのため、Kazuma のような日本人の個人名がパラオ人の姓となる例、また逆の例もしばしば見られる。2010 年の電話帳で見ると、名に Kanai, Okada, Tani, Sudo, Yamada, Yamamoto, Yamazaki などが見られた。また姓に Aitaro, Haruo, Hideo, Hideyos, Ichiro, Isamu, Kazuo, Kikuo, Kintaro, Kotaro, Nobuo, Saburo, Shiro, Singeo, Tadao, Takewo, Teruo, Umetaro などが見られた。なお、これらの中にはごく一部、単に間違いで記載された名前もあると考えられる。どちらにしろ、パラオ人に姓名の役割区別の意識が低いことを示すことには代わりはない。一例として、図 4–3 に日本で名専用の名前が姓に転じる例(姓としての Umetaro)を示す。

　このように姓名の区別がされない点は、戦後に英語名を使い始めたものにも見られる。例えば、Stevenson Mokisang という者がいるが、Stevenson が個人名である。〜Son(＝息子)は個人名(この例では Steven)につき、〜の子という姓になったものである。英語話者はその点を理解し、個人名に〜son を使わないが、パラオ人にはそういった区別がない。同様にケネディー元米大統領にちなんで名付けられた Kennedy Kingzio という者もいる。

　なお、日系人にはそのように姓名の区別の希薄性は見られないが、それでも一部特徴が見られる。図 4–4 は、70 年代に亡くなったパラオ人の墓石であり、三郎和地(Saburo Wachi)、正美浅沼(Masami Asanuma)と書かれてい

ることがわかる。日本語における姓名の順番はローマ字の場合は逆になることはあるが、漢字で書く場合はおかしく見える。パラオの場合はそのような規範が共有されておらず、図 4-4 のような表記が見られる。

図 4-3　選挙のポスター　　　　図 4-4　日本名の姓名の逆順

　上記のような姓名の区別の希薄性や日本名の継承などパラオの命名の歴史を示す好例が Jonathan Masaichi という人物の家系に見られる[3]。ドイツ時代に生まれた彼の祖父は Etiterngil という名であったが、日本時代になった後に Kiyoshi という名前を使い始めた。アメリカ時代に移行し、姓の使用が必要となり、Kiyoshi Etiterngil となり、子は Masaichi Etiterngil となった。日本時代に生まれため、日本名をつけたのである。Masaichi Etiterngil は Anghelina Armaluuk とアメリカ時代に結婚し、その際に Anghelina Armaluuk は Anghelina Masaichi と改姓した。Anghelina Armaluuk が Etiterngil という名での認識が強かった Kiyoshi Etiterngil と結婚したと勘違いされないためである。当時は、女性の改姓のルールが現在のように厳しく定められていなかったこともその一因した。アメリカ時代に生まれた Jonathan は同様に姓に父親の名である Masaichi がついた。Jonathan Masaichi の子は独立後に生

まれ Santini Meriu Masaichi と名付けられた。Santini は Jonathan の兄弟の 1 人の名前である。

4.3.2. 敬称 sang がつく名前

　姓名の区別が見られない特徴に加え、パラオでは日本には見られない日本名が観察される。まず名前に「さん」がついたものがそのまま名前になる例が見られる（音韻的に /n/ がなく /ng/ があるパラオにおいて sang がつく）。展示物の中では Oikawasang（図 4–5）、ヤマザキサン（図 4–1）などが見られた。博物館の展示物で当時の名前が確認できるものは少ない中で二つの sang を含む名前が見られたことを考えると、日本統治時にはこのような名前は比較的一般的だったと考えられる。なおヤマザキサン、Oikawasang という名は博物館以外の資料では確認できていない。しかし、Katosang（図 4–6）などのその他に sang を含む名前は姓として定着しており、現在も確認できる。

　「さん」が敬称であり他人にしかつかないという意識はなく、日本語で「ワタシ、タカシさん」のように自己紹介をする者は、日本統治時代に生まれたかどうかにかかわらず観察される。

図 4–5　敬称 Sang を含む名 1

図 4–6　敬称 Sang を含む名 2

4.3.3. 日本名のパラオ語の綴りへの統合

パラオ語のアルファベットの綴りは、戦後のアメリカ統治時代に確立され、一般的に広まった。そのため、日本名のアルファベットの綴りに関しても、パラオ語のルールに統合されるものも見られる。すでに敬称「さん」がsangになることは見てきたが、元々パラオ語の音韻体系に /n/ がないため、音韻体系に存在する /ng/ から ng の綴りに変わる。図 4–7 は一般開放されている記念図書館 "Singichi Ikesakes Memorial Law Library" の写真である。「シンイチ」綴りが Singichi になることがわかる。また、/g/ も音韻体系に存在しないため、「クマガイ」が Kumangai となる。なお、図 4–8 のように日本語借用語から音素 /n/ が入ったことから、n の綴りも見られる。

多くの場合にパラオ語の綴りに統合される形で日本名もつづられるが、一部統合されない点も見られる。Singichi に見られる "ch" はパラオ語の声門閉鎖音 [ʔ] を示す綴りだが、日本語のヘボン式の「チ」の綴りと同じように "chi" [tʃi] に使用されている[4]。この点での綴りと発音の混乱や綴りの改正への動きは特に無いようである。

図 4–7　日本名のアルファベット表記の例 1

図 4–8　日本名のアルファベット表記の例 2

4.3.4. その他の特徴

パラオの名前の中には日本人の名前のように聞こえるが、パラオ人が類推して作ったと考えられる名前も見られる。そのような例として、Tumiko

(Wahl 2000: 183)、Hinao, Kasko, Kirino, Mitaro, Naemi, Nagomi, Nanumi, Otoichi, Sieko, Umai, Urako, Yosuko and Yonami（2010 Palauan telephone directory）がある。これらは、ko, mi が女性、ro, o が男性の名前という認識などのもとで創作的に作ったものではないかと考えられる[5]。/n/ がパラオ語に元々存在しないこと、これらの名前の音の配列がパラオ語のその他の語と異なることからも、その可能性が高いだろう。パラオ人がこのように日本語を独自に発展させる点は、日本時代に育った老年層日本語話者や、歌詞の日本語などにも確認される。

　その他にパラオ人に対する聞き取り調査で聞いた名前では、Inoki, Oiran, Shogun というものがあった。アントニオ猪木はパラオを何度も訪れており、Tommy Remegesau 大統領とも親交があると言われ、パラオ国内でも人気があるようである。花魁、将軍がどのような経緯でパラオ人の名前となったかは定かではないが、パラオでの命名は肯定的なイメージがあれば、それが名前になる傾向があり、名付け親の日本語全般、花魁・将軍に対する肯定的なイメージから名付けるに至ったのであると言える。

4.4.　まとめ

　4章でここまで述べてきたことを簡単にまとめる。パラオにおける人名の20%弱に日本名が確認される。日本統治時代に姓の使用が慣習となり始め、名にも日本名の使用が広まった。戦後に英語名に移行する中でも姓を中心に日本名が維持されてきた。その特徴として、姓名区別が希薄した日本名、敬称"sang" の名前の一部としての統合、綴りの統合、日本では見られない擬似日本名の使用が見られる。今後もパラオにおける日本名は、日本語の可視的な影響として残っていくと考えられる。

注

1 パラオにおいて、血統的には日系人が多く存在するが、日系コミュニティという連帯感もなければ、ハワイなどのように日系人の家系で言語継承がされることもない。そのため、ハワイのように、nikkei や nisei のような言葉は存在せず、日系と言う意識は薄い。

2 混乱を避けるために、ここでは「名前」は姓名問わず人名、「姓」は苗字、「名」は個人につけられた名とする。

3 なお、Jonathan は公式の手続き上で使われる名前であり、実際に面識のあるパラオ人の間では Ostu という通称が使われている。個人が正式に持つ名前に加えて、通称を持つ者は多いようである。これも手続き上に使われる正式な名前として、日本名が残っている理由であると考えられる。

4 日本統治時代にアルファベットが使用されていなかった状況から、ヘボン式が参照されたとは考えられず、アメリカ統治の中で英語の綴りを参考にして独自に使用に至ったのではないかと推測される。

5 この点に関して、日本統治を経験したパラオ人に確認したが、「創作なのかどうかはわからない」との回答であった。

第 5 章 青年層パラオ人の日本語の特徴

　本章及び次章では、かつての日本時代に公学校などで日本語教育を経験した「戦前日本語習得話者」と日本に滞在して日本語を習得した「戦後日本語習得話者」の日本語を比較し、共通点と相違点を明らかにする。これまで、日本の統治下で幼少期から日本語を覚えた話者の残存日本語の研究と、言語獲得期を過ぎて日本国内外で日本語を学習・習得した者の中間言語研究はそれぞれ独立して行われてきている[1]。そのため、両者の実態は明らかになっているが、質的にどのように異なるかは認識されておらず、両者とも「第二言語習得者の日本語」として一括りに捉えられてしまうことも少なくない。そこで、両者を比較することで、異なる環境において言語習得された日本語の特徴を浮き彫りにしようと思う。

5.1. 青年層に対する調査概要

　本章ではまず、残存日本語の比較対象として、パラオの青年層話者の日本語の中間言語的特徴を記述する。話者は日本での滞在経験を持つ若年層パラオ人 2 人である。

　2012 年 2 月 10 日にコロールにあるカヤンゲル州事務所にてのコロール在住のカヤンゲル島出身者の調査を行った。話者は州事務所に紹介してもらった Lerry Ruluked(LR: 1975 年生まれ)であった。1 時間程度の半構造化インタビューを行い、談話データを得た。彼はパラオにある日系の会社で働く中で日本語を身につけてから、1999 年に日本(三重・津)で 10 ヶ月間働いたと

ころで、日本語を覚えた。パラオの大学でも多少日本語を学習している。また、2012 年 7 月 29 日に、もう 1 人の青年層日本語話者、Erik Vereen（EV）に 1 時間程度の半構造化インタビューを行った。EV も同様に日系のツアー会社で働き、2 年間ほど沖縄に滞在し、その後日本人と結婚してパラオに住んでいる。EV は第二言語話者として目立った特徴はほとんど見られなかったため、以下の中間言語の分析は主に LR のものである。特徴を項目ごとに分けて記述する。

5.2. 連体修飾

　連体修飾の構造は日本語の文法項目として、最も習得が難しい項目の一つであり、習得過程に関する研究は数多く行われている（大関 2008a など）。自然習得の話者に関しては同じように多くの誤用例が見られる。

　5–1.　LR：政府とかもあるから、<u>いいの</u>仕事があるね。

　LR には例 1 のように連体修飾の「の」を挿入する誤用が多い。正用と誤用はある程度の規則性が見られるようである。そのため、正用と誤用の両方を全て取り出し、表 5–1 にまとめる。

表 5–1　話者 LR の連体修飾の正用・誤用

正用	政府で働いてる人 これは死んでるサンゴ パラオで飼ってたヤシの木
誤用	カヤンはおなかあんまりすかないの国 政府とかもあるからいいの仕事があるね 昔の時は、あまり魚売るのことはない 同じの仕事はカヤンゲルではない

　表 5–1 のように、正用は動詞にテイルがついた形態に関してのみ表れる。逆に、その他「の」が使用されない連体修飾句に関しては、全て「の」が挿

入されている。正用が表れた動詞＋テイルは寺村（1992）の言う、「内の関係」であり、格関係が明確なため、「の」を入れなくても関係が明白である。対して、誤用が表れた「魚売るのこと」「同じの仕事」は単純な格関係だが、「外の関係」であり、連体修飾の関係が明確ではない。そのため修飾関係を明確にするために、「の」を挿入する意識が働き、誤用となったのであると考えられる。

5.3.　時制（テンス）

　パラオ語には、過去形と現在形を動詞の形態で分けることがない。LR は過去形と現在形の両方を使用しているが、過去形を使うべきところでの現在形の使用が多く見られる。

5–2.　LR：だって、その昔の時はあまり、魚売るのことは<u>ない</u>。
5–3.　R　：え、でもカヤンゲルでは日本語を話してなかったんですか？
　　　LR：あーカヤンゲルで、知ってるだけどは、あのー、おじさんたちとおばあさんたちが、日本語で<u>話してる</u>。

　例文 5–2 は、「昔」という過去の時を表す語が入っているため、「ない」ではなく「なかった」を使うべき文である。また、例文 5–3 では、筆者（今村）が、「LR がカヤンゲルに住んでいた時に、日本語を話していなかったのか」という質問をした。それに対する答えとして LR は過去の話をする中で現在形を使用している。現在形には物語を生き生きと描写する史的現在用法が存在するが、そのような用法は普通モノローグの談話で使用される。LR の場合、ダイアログとしてのインタビューの中でも過去のことを現在形で使用されることが多いため、どの事象がどの時に起きたのかが把握できない程になっている。

5.4. ノダ文

　ノダ文は、教室習得者は使用自体が少ないが、自然習得学習者には使用が多く、誤用が多い傾向が明らかになっている（峯他 2002、奥野 2005）。同様に LR にはノダ文の誤用が数例見られた。例文 5–4 では、「から」によってつくる理由の従属節の中に、「のだ」が入るため、従属節の部分に情報の焦点化が起こり、文がおかしくなっている。小金丸(1990)はこのような誤用が日本語学習者の作文にも表れ、非難の意味を伝えてしまう危険性を指摘している。

　5–4.　LR：パラオ人のフィッシングのやり方はちょっと<u>違かったんだから</u>、多分沖縄は、1 回出たら、いっぱい魚が取れるから、パラオ人はあまりやってなかった。

5.5. ニとデの混同

　場所を表す格助詞「に」と「で」は共起する語によってどちらを取るかが決まる。典型的な例で言えば、「住んでいる」「行く・来る・帰る」などには「に」が共起し、「食べる・考える」などのその他多数の動詞には「で」が共起する。LR は場所格を表す「に」と「で」に誤用が見られた。なおこのような誤用は話者 EV にも数例見られた。

　5–5.　LR：日本の<u>三重で 10 ヶ月研修して</u>、それが終わったらまた戻って。（正用）
　5–6.　LR：仕事のために、住んでる、えっと<u>コロールで住んでる</u>。（誤用）
　5–7.　LR：で、そのあとは、また日本に行って、で 10 ヶ月、<u>津で研修に行った</u>。（誤用）

以上のように、「に」を使用するべきところで「で」を使用する例は

5–6、5–7 のように見られたが、逆は見られなかった。動詞の場所格を表すには、「に」と「で」が使用されるが、圧倒的に「で」の場合が多い。「に」をとる動詞は「住んでいる」「いる／ある」「行く」など少数であり、その他のほとんどの動詞が「で」をとる。そうしたことが起因して、LR は「に」を「で」に置き換える誤用が起こるのである。

5.6.　条件表現

　LR の条件表現と時間表現には、文法的な間違いが多く見られる。条件表現には形式として「たら」「と」「なら」「ば」(「ても」)の 4 形式(5 形式)が認められる(大関 2008b)。条件表現は「日本語の「〜とき」や英語の "when〜" 等の時間表現と重なる部分があるため、これらを一つの言語であらわす言語も多い」(大関 2008b: 124)。LR の場合、時間表現にも条件表現にも、一つの形式「と」が利用されている様子が見られた。

5–8.　　LR：カヤンで<u>すんでると</u>、あんまりおなかすくのことない。(正用)
5–9.　　LR：おじいさんは、<u>名前書くと</u>、片仮名で書く。(おじいさんは、名前を書くときは片仮名で書く)
5–10.　LR：もしお客さんが<u>泊まりたいと</u>、カヤンのアバイに泊まる。(泊まりたければ)

「と」が使用される典型例は、例文 5–8 のような、前件の生起が後件の実現につながることを表す条件節である。例文 5–8 は正用だが、例文 5–9 のような誤用も多く見られる。例文 5–9 では、前件「名前を書く」は後件「片仮名で書く」の生起条件として捉えることができない。つまり、条件表現「と」ではなく、時間表現「とき」が正しい形だと思われる。このように条件表現「と」を時間表現まで拡張利用している。さらに、例文 5–10 は、「もし前件の状況であれば、後件を行う」ということを表すために、条件節に「と」が使用されているが、「ければ」を使用するのが適切である。つまり、

「ければ」にも「と」を拡張利用している。さらに例文 5–11、5–12 のような文にも「と」を利用している。

5–11.　LR：なんで(おじいさんがドイツ語を)わかると、1 回ドイツ人が…来た。
5–12.　LR：えっと、なんでトゥーリスト、カヤンゲルで無理と、コロールではホテルあると、いろいろがある。

　例文 5–11 は、「なんでわかるかというと」という条件文として使われたものである。標準日本語では当然こうした因果関係を「と」のみで表すことができないが、話者は前件の「ドイツ語をわかる」に「と」を条件表現としてつけて、後件の「ドイツ人が…来た」につなげている。標準日本語なら「なんでわかるかというと」と多少複雑な形態処理が必要な条件文を使う。LR がこうした誤用を犯した背景には次のことがあると考えられる。条件表現としての「と」自体は存在する(雨が降るといつも中止になる)ことを意識して、例文のような場面で条件表現の必要性を感じる。しかし、「かというと」のように「疑問形式＋引用表現＋と」のように複雑な形態処理ができず、「と」のみが残る。例文 5–12 の前半の「なんでトゥーリスト、カヤンゲルで無理と」も同じ原理である。

　さらに、例文 5–12 の後半部分のように、「コロールではホテルあると、いろいろがある」のように、前件と後件のつながり、「と」の機能が明確にわからないような文でも「と」が使用されている。恐らく「と」を口癖のように使用し、特に機能を意識しなくなっている可能性がある。

　以上のように、LR は「と」に様々な意味機能を付与している様子が見られる。複文を生成する場合で、前件が後件成立の条件になったり、前件と後件が順接の関係になる場合に全て「と」が使用される。LR のような第二言語学習者が形式と意味機能を結びつけていく過程で、条件表現という目標言語の複雑なカテゴリーが簡略化されて、より少ない形式で多くの意味機能を表せるように再構成されているのである。

5.7. 音声的誤用

　LR には、中間言語的な音声特徴も一部見られた。例文 5–13 のように日本語の「つ」のような歯茎破擦音がパラオ語ではもともと存在しないため、「ちゅ」に代用されている。なお、本来パラオ語には音素 /ts/ がなく、[tsu] も [tʃu] も表れないが、日本語借用語にはそれらが表れる。

　　5–13.　LR：で、そのあとは、また日本に行って、で 10 ヶ月、<u>ちゅ</u> [津] で研修に行った。

5.8. 語彙的誤用

　LR にはいくつかの語彙の意味論的誤用が見られた。例文 5–14〜16 は全て意味論的な誤用である。例文 5–15 はパラオ語で「（動物を）飼う」も「（植物を）育てる」も同じ omekeroul を使用することが原因となる誤用であると考えられる。

　　5–14.　ヤシの木が集まって⇒採れて
　　5–15.　パラオで飼ってたヤシの木⇒パラオで育てていた
　　5–16.　（日本語を）知ってる⇒わかる

5.9. まとめ

　ここまで青年層パラオ人日本語話者の中間言語的な特徴をまとめた。条件表現、ニとデ、連体修飾など、日本語の第二言語学習者に広く見られる誤用が確認された。また、パラオ語の影響から、語彙の意味的な誤用、音声的な誤用、過去形の不使用などが見られた。

注

1　本書では便宜上、言語獲得期を過ぎて教室学習や日本滞在によって日本語を習得した者を「一般的な第二言語話者」と呼ぶことにする。

第6章　戦前世代の残存日本語

　本章では、前章の若年層パラオ人の日本語話者の特徴を踏まえた上で、戦前の日本語教育経験者による残存日本語の特徴を記述・分析する。一般的な第二言語話者が、単純に母語との違いや目標言語(日本語)の複雑さが影響した中間言語としての特徴を持つのに対し、戦前話者は自らルールを拡大して独自の規範を生み出す点が観察される。

6.1.　調査及びインフォーマントについて

　分析するデータは、筆者2人と話者の(場合によっては話者の親類1人も同席した)半構造化インタビューと数週間の参与観察によって得た会話データである。戦前に日本語を習得した老年層話者 Humiko Kingzio(HK、1931年生まれ女性)、Toshiwo Akitaya(TA、1929年生まれ男性)、Kiyoko Ngotel(KN、1932年生まれ女性)、の3人のデータを分析する。TA と KN はそれぞれ1時間程度の半構造化インタビューを行っている。また、HK に関しては、数回にわたって参与観察を行い、特徴的な表現などを筆者2人で書きとめた。そのため、分析は HK を中心に行うことにする。

　なお、ケーススタディとしての分析であるため、本調査のインフォーマントが代表する話者であるとして分析するのではない。事実、3人の話者の特徴はそれぞれ大きな異なりを見せるため、調査話者を増やして特徴を残存日本語として一般化をすることは困難であり、そのため量的な分析の意義は小さいと考えられる。そのため3人の話者の日本語の特徴の質的調査として

その結果を記述する。なお、これまで多数の面接調査で得た情報から、当該の話者は決して特殊な日本語話者ではないことは確かである。

　話者 HK は 1931 年にパラオのゲサール州（Ngchesar）に、沖縄出身の父とパラオ人の母との間に生まれた女性である。HK はパラオ人のための公学校、日本人住民のための国民学校の両方に通った経験がある。それぞれの生活環境は異なり、前者はバベルダオブ島（農漁村部）にあり、後者はコロール（都市部）にあった。話者 TA は 1929 年にパラオ人の母と青森か秋田出身の父との間に生まれる。幼少期はアンガウルの国民学校に通った。1956 年までアンガウルで過ごし、その後コロールに移り、現在までコロールで暮らしている。話者 KN は 1932 年にパラオ人の母と沖縄出身の父との間に生まれる。国民学校に通いパラオ語ははじめ話せなかった。戦後パラオに残りパラオ語を習得するとともに、免税店で働き日本語の維持に努めた。以下で項目ごとに 3 人の話者に見られる言語特徴を記述し、分析する。

　繰り返しの記述になるが、残存日本語の特徴は、日本語の標準的な規範を独自に拡大して異なる語彙・文法的な用法を生み出している点である。以下では、残存日本語の特徴を、若年層と共通する中間言語的な特徴、拡大的に独自に発生した特徴、その他残存日本語としての特徴、に分けて分析する。

6.2.　若年層話者と共通する特徴

　まず若年層の話者と同様にパラオ語の影響から、テンス（時制）に不自然な点が HK に見られた。若年層話者同様に過去形を使うべきところで現在形を使う場合がある。しかしそれは若年層のものとは質的に大きく異なる。HK は現在形と過去形が混在して理解に影響することは全く見られない。不自然な点は日本語として自然な史的現在用法の過剰使用によるものである。以下の例文 6–1〜3 は全て過去の話であるが、史的現在用法の現在形として認められる。過去のことを現在形で語ることで、その様子を臨場感を持って伝えていると考えることができる。しかし使用が過剰であるため、違和感が生じている。

6–1. HK：自分の家庭（家族）と一緒に住んで、人の家に住むのはもう辛い。

6–2. HK：お父さんもう日本語あれしてたんで、反対にね、沖縄語を教えない。

6–3. HK：それと、あの、日本の酒場、現地の方は入れない。みんな日本の方々。飲みに行ってもいけない。厳しかったよ。

　また、パラオ語と日本語の音韻の違いから生じる特徴が若年層話者と同様に TA に見られた。TA には、例文 6–4 のように「つ」が「ちゅ」になる発音上の誤用がいくつか表れている。全ての「つ」が「ちゅ」になるわけではないが、ところどころでそうした発音が表れた。つまり TA は「つ」と「ちゅ」を音声的に習得しているが、音韻的に区別されず、変異になっている。

6–4. TA：僕とあいちゅ［あいつ］だけだ。

　また例文 6–5 のように他の一般的な日本語の第二言語話者に見られる特徴も HK 見られた。「豚はあるよ」と発言していた時、HK は明らかに生きた動物としての豚の話をしている。その誤用には次の原因が見られる。豚は食材として「ある」が使用される場合も多く（「豚はあるけど、玉ねぎがない」）そこから混乱が起きたと考えられる。事実、HK は同一の談話内で「ネズミはいる」と言っており、ネズミは食材になり得ないため誤用が起きないのである。「いる」も「ある」も両方日常的に使われる名詞（豚）から二つの混乱が始まったのであり、こうした「隙間」から誤用が発生したのであろうと考えられる。

　TA には同様に例文 6–6 のような連体修飾の誤用が見られた。これも「安い方を買った」「安いのを買った」の両方が言える場面で混乱が起き、その隙間から誤用が生まれたと言える。

6-5.　HK：(飼育されている)豚は<u>ある</u>よ。

6-6.　TA　：<u>安いの方</u>を買った。

KN には、いくつか文法的な単純誤用が見られた。例文 6-7 では、「太りたいけど」という表現が、「太るのが一番好き」という表現になっている。例文 6-8 では、「動詞＋たことがない」という経験表現を使っているが、文脈から判断して言いたかったことは「6 年間沖縄に行っていない」という表現である。また例文 6-9 では時間表現の「とき」に、条件表現と共起する「もしも」が使われている。

6-7.　KN：あたしは<u>太るのが一番好き</u>だけど、全然太らない。

6-8.　KN：もう六年になりますね、沖縄に行った<u>ことがない</u>んです。

6-9.　KN：<u>もしも</u>ねー、パラオ語の歌を作るときには、日本の曲を持って、そしてパラオの歌を作る。

残存日本語には一般的な第二言語話者である若年層パラオ人と共通する特徴も見られるが、単純誤用の頻度は低く、誤用は正用から近い形から起こるケースも見られた。

6.3.　文法の拡大用法

次に、母語話者の日本語を出発点として新たに形成された、残存日本語の文法の拡大用法を考察していく。考察する特徴は(1)「ある」の拡大用法、(2)「証拠性」(evidentiality)表現の過剰使用、(3)可能動詞「行かれる」の拡大使用、(4)形容動詞の名詞活用である。

6.3.1.　「ある」の拡大用法

文法の拡大的な利用は、その他の文法にも見られる。「ある人は大統領に文句を言っている」という場合の「ある」は「特定の人」という意味にな

る。しかし、HK の「ある」の使い方には異なる用法が見られる。

6–10.　R 　：パラオの女性はよく働きますね。
　　　　HK：<u>ある人</u>はね。
6–11.　HK：<u>ある時</u>私は男に生まれたら良かったと思う。
6–12.　R 　：日本人もパラオ語をしゃべってるんですか？
　　　　HK：<u>ある日本人</u>は、ずっとここにいる日本人はしゃべっています
　　　　　　よ。聞くのは充分は聞くけど。言うのは、ある部分は言えない。

　例文 6–10 の発言の意味は「よく働く人もいる」であり、日本語からすれ
ば「ある」の意味用法上の誤用に当たる。例文 6–11 では、「私は男に生ま
れたら良かったと思う時がある」という意味であり、発話時の文脈で「ある
時にふっと思った」のように特定の時を言っているのではない。これも「あ
る」の意味用法上の誤用である。例文 6–12 では、「ある日本人は」と言っ
てから言い直しているため、多少の文法性判断ができていて訂正していると
言える。
　これら誤用は、程度が不定ではなく「多い」の場合にパラオ語と同様の構
文が使えることから、起きているのではないかと考えられる（表 6–1）。パラ

表 6–1　計量表現の構造

	言語変種	程度	要素別に分けた例文		
a	パラオ語	多い	betok	el chad	menga el olík
			many	people	eat bat
b	標準日本語	多い	多くの	人は	コウモリを食べる
c	パラオ語	幾分	sésel	el chad	menga el olík
			some	people	eat bat
d	HK の中間言語	幾分	ある	人は	コウモリを食べる
e	標準日本語	幾分	コウモリを食べる	人は	いる

オ語において「多量」について語るときは(a)のような語順が使われる。日本語でこれに対応する語順の文は存在する(b)。量が、「幾分」の場合、パラオ語では対応する言い方が認められる(c)。一方、標準日本語では(c)に対応する語順はなく、異なる文型(e)が使用される。中間言語的な語順(d)は、母語の影響を受けて、「ある」に新たな意味を付加して構文を作成しているのである。

6.3.2. 「証拠性」表現の過剰使用

日本語世代の話者の日本語には伝聞の「〜そうだ」や様態の「〜らしい」といった「証拠性」(evidentiality)関連の表現が頻繁に使われている。日本語において、「証拠性」関連の表現は義務的ではなく、選択的である。例えば、話者が直接経験していない事柄について「あの船は遭難したそうだ」と言えるが、「あの船は遭難した」とも言える。特に、聞き手が知らない情報を話し手が与える場合(情報が話し手の縄張りにある場合)は、通常「証拠性」の表現が使われない。以下の例文6–13で、そのような場合に「そうだ」が過剰に使用されている例を見る。

6–13. HK：あの、アメリカからスパイを呼んだ<u>そうだ</u>。その方は、二世、日本の方。
　　　R　：あー亡命したんですね。
　　　HK：話で聞くと、あの、上がって、偉い兵隊さんたちホームに行ったときは、アメリカのパンツをはいてた<u>そうだ</u>。それで、お前はなんでアメリカのパンツはいてるんだって、聞いた<u>そうだ</u>。

例文6–13では、HKが戦時中のアメリカ人のスパイについて語っている場面である。もちろん筆者らはその話を知らず、HKも恐らく誰かから聞いた話であり、その点では文末の「そうだ」の使用は誤用とは言えない。しかしこの状況では、話し手が知っている情報を相手に伝える場面であり、情報

は話し手の縄張りに属する。そのため、伝聞であるということを示さず、断定で話すのが普通である。特に、インタビューのような情報聴取者と情報提供者というような関係がある会話では、情報提供者は断定的に述べることが期待される。その上で、情報が不確定である場合には、話の初めに「聞いた話だけど」「実は自分もよくわからない」など、不確定の理由を伝えることによって伝聞であることを示すだろう。もしくは、「らしい」を使用することで、情報が不確かであるということや、情報に対して責任が持てないということを示す。

　HK の場合、聞き伝えの話には全てに「そうだ」を使用するのが無標になっている。HK は大部分に「そうだ」を使うが、不確定の理由を述べる前提はあまり述べていなかった。また、別の話者 TA にも HK と同様、違和感のある証拠性関連の表現を使用している。TA の場合は伝聞の「そうだ」ではなく、「様態」の「らしい」をよく使っている。

6.3.3.　可能動詞「行かれる」の拡大用法

　その他にも文法的な特徴が HK の可能表現に見られる。例文 6–14「持っていかれるから」（持っていけるから）という可能形式は補助動詞における使用である。例文 6–15 は同じ可能形式としての「行かれる」の利用だが、物が主語になっているのが特徴である。

　6–14.　HK：その荷物は自分で持っていかれるから。
　6–15.　HK：（滑走路が短くて）大きな飛行機は行かれない。

　現在の関東地方では「私は（用事があって）行かれない」という可能表現を（特に年配の女性話者）は用いる。歴史的に言えば、五段動詞の本来の可能形はこの「行かれる」の形式だった。現在の用法では主語が人間であり、補助動詞ではなく本動詞の使用に限られる。HK に見られる可能形「ていかれる」や「（物が）行かれる」は現代関東地方の言葉より一昔前の形が残されているのである。

6.3.4.　形容動詞の名詞活用

　次に形容動詞の活用で「な」の代わりに「の」が使われている誤用が見られる。例えば、例文 6–16、6–17 のように「色々」「わずか」に「の」を付けている例が見られた。しかし、名詞と形容動詞の区別には、母語話者にもゆれが見られることがある。鈴木(1978)では、「な」と「の」を取るものとして、「特別、独自、別、格別、容易、高度、最適、種々、わずか、さまざま、不足、旧式、早熟、博学、不順、不品行」を挙げている(鈴木 1978: 432)。つまり、筆者らは違和感を覚えるが、鈴木(1978)の意見では、「わずかの」は容認されるようである。しかし、「色々の」は多くの日本語母語話者が容認しないものではないかと思われる。

　6–16.　HK：わずかの卵はたべる。
　6–17.　HK：色々の種類のバナナが…

　以上の例を見ると話者 HK の文法的誤用は、ゆれや隙間が見られるようなところから「誤用の種」が発生し、それが母語話者にとって完全に誤用になるような部分まで誤用が広がるものが見られる。同時に母語の影響などから自らの文法を作りあげている点も確認できる。

6.4.　語彙の拡大用法

　文法のみならず、語の意味範疇や形など、語彙的な点でも拡大用法が見られる。以下で(1)日本語起源のパラオ語単語の使用、(2)類似語混同現象、(3)単語の意味範疇の拡張使用、(4)コロケーションの誤用を記述・考察していく。

6.4.1.　日本語起源のパラオ語単語の使用

　日本語のからの借用語としてパラオ語に入った語彙を、パラオ語の発音や用法で使う例が数例見られた。

第 6 章　戦前世代の残存日本語　53

6–18.　HK：それ（換気扇）つけると、タマが落ちる。

6–19.　HK：養殖しているところで夜潜ってシャコガイを盗むクセのある
　　　　　方はいる。

　例文6–18に見られるように「タマ」という語を「蛍光灯」の意味で使用
することである。HKが指し示しているのは大型天井扇風機と一体になって
いる照明器具で、スパイラル形状の電球形蛍光灯のことである。日本語から
パラオ語に入った「タマ」は、借用過程で意味変化が起きている。その形か
ら類推され「タマ」は「サーターアンダギー」という球形の揚げ菓子と、電
球という意味に変化している。例文6–18でHKが使っているタマは、パラ
オ語に入って意味拡張をした電球という意味の「タマ」を、日本語に再び取
り入れて使っているものである。

　例文6–19は、パラオ語に入った日本語借用語「クセ」との意味範疇の違
いから起こる誤用である。HKが指摘しているのは、精神的な疾患から、
シャコ貝を盗んでしまう人ではなく、計画的に盗みを働く人を指摘してい
る。日本語の「クセ」は無意識に行われる習慣的な行動を指すのが普通だ
が、例文6–19では計画性のある意図的行為に対して使用されている。

　また、発音面におけるパラオ語の影響も見られる。KNは「電話」を
dengua と発音している。これは日本語からパラオ語に入り発音が変化した
「dengua」を、パラオ語の発音のまま日本語に入れ込んで使用しているので
ある。

　これらの点に関しては、若年層の話者には見られなかったが、おそらく
データを集めれば観察されるのではないかと考えられる。日本人英語学習者
が日本語内の英語借用語から発音の影響を受けたり、いわゆる和製英語を使
用したりすることを考えれば、パラオの若年層日本語話者にも同様のことが
起こることが容易に想像できる。

6.4.2.　類似語混同現象

　HKには一般的な第二言語話者の誤用と共通するが、頻度が高く、独自の

誤用現象として認められるものが見られた。以下では「類似語混同現象」という類の誤用を提唱し、考察する。まず、その例を先に表 6–2 で紹介する。左側の単語(表現)は実際に話者が間違って使った語(誤用)で、右側は文脈から判断して話者が言いたかった語(目標語)である。表の誤用例のように、誤用は意味と形式の両方が目標語に類似している。

　例えば表 6–2 のように「じむいんが…」という発話があったが、話者が言おうとしていたのは「従業員」であった。「従業員」と言おうとして、「じごういん」のように、実在しない形を使うという誤用も有り得るはずだが、実際に見られたのは単語が実在する「じむいん」(事務員)なのである。語として存在しない形が使用されることはほとんど見られなかった。語として存在しないものを使用すれば、聞き手から聞き返されることはある。一方、類似語を使えば恐らく聞き手である日本語母語話者は、自動的に意味を推測して理解するか、聞き流すことが多いだろう。そのため、類似語の意味を混同しても円滑な会話の阻害とならないのである。

表 6–2　HK の類似語混同現象

誤用	目標語・表現
事務員	従業員
家庭(と住んでいる)	家族
(船酔いして)ゲリ	ゲロ
面白かった	恐ろしかった
(車を)前で運動する	運転する
会社を経由している	会社を経営している
一日 10 セント	10 銭
車が過ぎ去った	車が通り過ぎた
うみみず	湖

　また、話者 HK が使った「ボンボロの車」という例は形が存在しない語の使用であり、「類似語混同現象」とは、対照的な例である。これはおそらく話者が「オンボロ」と「ボロボロ」の二つの単語を混乱させたことによって作られたと思われる。「混同」ではなく、二つの単語を混ぜてしまった「混合現象」と言える。

第 6 章　戦前世代の残存日本語　55

　似たような類似語の取り違いが日本語母語話者の会話(熟語など)にも見られる。しかし、母語話者の場合そのほとんどはミステイク(口が滑った)だけであり、エラー(間違って覚えたもの)ではない。HK の場合は同じ間違いが繰り返し見られるエラーがかなり含まれている。残存日本語話者は、教室などで単語の意味と形を学習する機会がないため、こうした混同が起きやすいのではと考えられる。

6.4.3.　単語の意味範疇の拡張

　HK の談話には、語彙の意味を周辺まで拡張させている意味的な誤用例が多く見られた。以下例文 6–20〜26 を元に考察を行う。

6–20.　HK：昔は問題が色々あったけど、<u>今回</u>はない。

6–21.　HK：<u>あなた方が来た夕べに</u>…

6–22.　HK：<u>女学校に入る瞬間</u>に戦争が始まって…

6–23.　R　：車のカギはどうしたらいいんですか？
　　　　HK：<u>弟にあげてもいい</u>。(弟に渡せばいい)

6–24.　HK：(パラオ全体が)<u>アメリカの籍に入ってた</u>方が良かった。

6–25.　HK：あの人は糖尿病ですよ。
　　　　R　：ええ？でもまだ 30 代ですよね。
　　　　HK：うん、<u>もったいない</u>。

6–26.　KN：全然、沖縄の言葉話す時は、<u>慢性</u>になったら、日本語話す時は発音が悪くなるから、嫌いと言ってる。

　例文 6–20 では「昔」と「今」を対比している文脈であり、単純に「今」というところで、「今回」を使用している。もちろん、「前回」と「今回」など、ひとくくりの回数が数えられる事象を指し示して対比させることあるが、HK は明らかに時代全体を示している場合でも「今回」を使用していた。
　例文 6–21 は、「あなた方が来た前の日の晩」という意味で「あなた方が来た夕べ」と言っている。「夕べ」は今日を起点とした前日に対して使われ

るが、ある別の時間を起点にした「あの日の前日の晩」には使われることができない。つまり HK は「昨日の晩」を表す「夕べ」を、「特定の日の前の日の晩を表すために拡張利用している。実は母語話者にも似たような拡張利用は、見られると考えられる。「一年前の今日」は、当日のことしか表せない「今日」を「一年前の同じ日」に拡張利用しているのである。「夕べ」も「今日」もダイクシス（直示）表現である。HK は、似たような発想を持ち、複雑な文法構造持った「あなた方が来た前の日の晩」の使用回避をするためにも、「夕べ」を使用しているのだと思われる。

　例文 6–22 では、「瞬間」が「頃・時」まで拡張利用されている。HK が言おうとしたのは、「女学校も入学式の出席したちょうどその瞬間に」ではなく、「女学校の新学期が始まる頃」に、ということを伝えようとしているのである。例文 6–23 では、「アゲル」を「渡す」という意味まで領域を拡張している。例文 6–24 の「籍に入る」というのは、普通は結婚などで戸籍が変わる場合か、あるいは個人が帰化する場合に使うであろう。HK は「パラオがアメリカの一部として所属した方が良かった」という意味で使い、「籍に入る」の意味範疇を拡大している。

　例文 6–24「もったいない」の使い方を見ても、意味領域の拡張が見られることがわかる。「もったいない」は人の行動に関して使われる場合、自分の意志によって行われたことに対して、話し手が残念な気持ちとともに否定的な評価を下すように使用される。例えば「A：彼大学に進学しなかったみたいだね。B：頭よかったのに、もったいない。」のような例が典型例である。対して、受験に落ちた場合には、当事者の意思に関わらないため、「もったいないとは」言えないのである。HK は、話題の人物が自分の意志に関わらず起こってしまった病気に対して「もったいない」と述べている。

　また、例文 6–26 のように KN にも意味論的な拡張が見られた。「慢性」は通常医療用語で、病気や健康状態などに変化が見られないことを指す。しかし、KN は「言葉を話すのを継続する」というような意味で使用している。「変化が見られない」「続ける」という点を考慮すると、表現として共通点は見られるが、拡張されて使われている。

6.4.4. コロケーションの誤用

個別単語の拡張と類似語混同現象と共通する点のある誤用としてコロケーションの誤用も見られる。「頭に来る」、「時間をつぶした」は実際に存在するコロケーションであり、意味的な誤用であることが特徴的である。

表 6–3　HK のコロケーションの誤用

誤用	目標表現
頭にくる	思い浮かぶ
時間をつぶした	時間がかかった
ハンドルを折る	ハンドル切る

6.5.　その他残存日本語としての特徴

以上、残存日本語の文法的・語彙的な拡大用法についてまとめてきた。そのように独自に規範を作成している点に加えて、その他の残存日本語の特徴(1)パラオ語の語彙の入れ込み、(2)残存形の使用、(3)方言的特徴、を考察していく。

6.5.1.　パラオ語の語彙の入れ込み

日本語会話の中に入り込むパラオ語の語彙(異なり数)は少ないが、その使用(延べ数)は比較的多い。パラオ語の肯定の応答詞に chochoi［ʔoʔoi］、chacha［ʔaʔa］、感動詞に choi［ʔoi］、chochoi［ʔoʔoi］などが、日本語の会話の中でも使用されていた。通常、第二言語習得話者は目標言語内の会話では、相手の理解を考えて自分の母語の単語は使わない。しかし HK は戦前、日本語と母語の両方を話す環境で日本語を使用していた。そのようなバイリンガル環境では、言語接触が起こり、ある単語が別の言語の中にも取り込まれることがある。特に応答詞や感動詞は、混ざりやすいことが指摘されている(Auer 2007、今村 2012 など)。そのような言語使用は本来、2 言語が理解できる話者同士で使われると考えられる。しかし、HK はパラオ語を理解し

ない筆者らに対して、このようにパラオ語の語彙を取り入れて話をしている。

　その理由は二つ考えられる。一つは応答詞や感動詞は伝達内容が少なく、意味解釈に間違いが起こりにくいため、全てを日本語にする必要がないことである。もうひとつは、パラオで長くそのようなスタイルで話をしており、本人にとって違和感がないことである。肯定にしても否定にしても応答詞は、発話がそれだけで完結することが少なく、その後の発話内容から発話意図がわかる場合が非常に多い。そのため、応答詞が理解できなくても意味解釈に影響することが少ない。さらに、バイリンガル環境で育った話者 HK の場合は、そのようなスタイルを使用していたため、日本語で話す場合も、その点の矯正が難しいのだと思われる。確かに、日本のテレビ撮影をした時にはそのようなパラオ語の単語は出てきていなかったため、モニターをかけて制御をすることができるようである[1]。しかし、筆者らは調査を複数回行い話者 HK と良好な関係を築いているため、特にモニターをかけずに、このようなパラオ語の語彙が取り込まれるカジュアルなスタイルで話しているのである。

　若年層話者のように外国語として日本語を話す場合は日本語の規範に従って、全ての語を日本語にするという意識が働く。しかし、第二言語として日常的に使っていた残存日本語では、しばしばパラオ語が混ざるのである。

6.5.2.　残存形

　HK には、日本本土ですでに使われなくなった単語が旧植民地で今も残る「残存形」の使用が多数見られた。ロング・新井(2012)でも小笠原諸島や北マリアナ諸島など旧植民地で今も使われているという「残存形」現象が論じられている。以下、パラオで使用されている語形と、それに当たる一般的な表現を括弧内に記す。なお、こうした残存形のサブカテゴリーとして、日本本土において差別的に転じているものも挙げられる。以下はその使用例である。

表 6–4　残存形および差別用語転義型残存形

```
残存形
    色眼鏡(サングラス)
    でんきばしら
    電気柱(電柱)
    木建ての家(木造の家)
    午後から天気がくだる(くずれる、cf.「くだり坂」)
    豚箱(牢屋)
    十五夜(満月)
    油(石油)
差別用語転義型残存形
    部落(村、村落)
    黒んぼ(黒人)
```

　ある世代のみが一つの言語を話す状態であると、新しい表現が入ってくることがない。つまり、残存日本語には残存形が多く存在するのが自然な現象であると言える。

6.5.3.　方言的特徴

　パラオに移住した日本人は、沖縄出身者が35%ほどを占め、都道府県別の出身地として最大のグループであった(図 6–1、南洋庁編 1934)。そのた

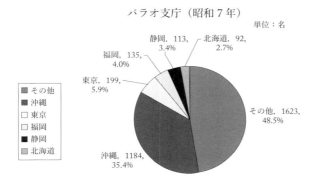

図 6–1　戦前パラオの人口構成

表 6–5　ウチナーヤマトゥグチの語彙・表現的影響

方言的表現	標準語
アメリカさん	アメリカ人
各々（めいめい）	各々（おのおの）
あれ（たち）	彼（かれ）
～名（～めい）	～人（にん）
方（かた）	人（ひと）
お昼あと	お昼過ぎ

め、パラオの日本語に沖縄的な表現が多く聞かれることがある。まず語彙的な特徴として HK の発話に見られたものを表 6–5 にまとめる。

　「それぞれ」や「各々」という意味の「名々」(例：めいめいの車を持っている)は標準語で言えないわけではないが、HK のように日常会話で頻繁に使うのは沖縄のウチナーヤマトゥグチの特徴である。また、「あれ」(複数は「あれたち」)は、三人称代名詞として使用される。本土方言でも軽蔑的な意味を込めて三人称代名詞として「あれ(たち)」を使用することも考えられるが、話者 HK が使用するのは沖縄的な、特に待遇を表さない「あれ」の使用である。さらに、尊敬語ではないのに「ふたり」という意味で「2 名」を使うのも沖縄的である。「4 名乗りの車」や「妹は子供が 3 名いる」のような言い方も聞かれた。さらに HK は「ひと」と単純に言えるところで「かた」を使う。標準日本語でも、「ひと」を「かた」と置き換えられる場合もあるが、自分の兄弟について語るときにも「あの方々」と表現することはない。

　語彙のみではなく、文法にもウチナーヤマトゥグチの影響が見られる。ウチナーヤマトゥグチの特徴的な文末詞「ワケ」の使用が見られた。標準語のモダリティ表現である「わけ」は、「伝達補助動詞」と言われ、「説明」や「因果関係」を中心に用いられる表現であると言われている。「つまり…」と共起して、既に述べていることの繰り返しや明示化をする場合に使われる。これに対して、ウチナーヤマトゥグチの「わけ・だわけ」は、標準語の文末詞「の」に近い意味用法である。例文 6–27 は HK の「わけ」の使用例である。質問に対する話者の答えに「わけ」が付いているが、標準語なら「移動

第 6 章　戦前世代の残存日本語　61

したの」などとするであろう。

6–27.　R 　：あの木は切り倒したんですか？
　　　　HK：あー、あれは○○さんが<u>移動したわけ</u>。
6–28.　TA ：前も日本人がその、リン鉱石を<u>運びよりましたね</u>。
6–29.　TA ：班長として島民を<u>使っておった</u>らしいんだよ。

　パラオでは沖縄方言のほかに八丈方言の伝承と思われる表現もいくつか残る。まず「カノ」(カヌー)という発音が聞かれる[2]。また、パラオで薩摩芋に「サツマ」という略称が用いられる。これも八丈で一般に用いられる名称であり、そこから伝わったと思われる。また、「八丈島」を「ハチジョウシマ」と発音する人がいる。「八丈島」で「島」が無声音となるこの発音は、若年層を含めて一般的に使われており、昔の八丈島民の名残だと言えよう。
　また、親が東北地方出身の TA にも西日本的な表現が見られた。次の例のように、「よる」(例文 6–28)や「おる」(例文 6–29)を、西日本共通語と同じように継続相(進行態)の意味で使っている。なお、サイパンで耳にする「西日本共通語」(打消しの「ん」、存在「おる」、アスペクト「とる」、指定助動詞の「や」など)はパラオではほとんど聞かれない。
　残存日本語の方言的特徴は、個々の話者が日本語を使った場面や相手の方言が影響する。つまり、パラオの残存日本語として一括りに特徴を指摘することは困難であろう。逆に言えば、家族や近所の日本人、練習生先の家庭、日本人教師など接触があった話者の方言的特徴がそれぞれの話者の日本語に映し出されているのである。

6.6.　残存日本語と若年層話者の日本語の比較

　ここまで、パラオの戦前話者の残存日本語の特徴を記述・考察した。また、前章では若年層の日本語話者の日本語の特徴を記述・考察した。ここでは、両者の違いをまとめ考察していく。まず、若年層の日本語が一般的な日

本語習得者として目標言語である日本語の規範に従う中、母語の影響など習得過程での中間言語的な特徴を見せる。対して残存日本語話者は第二言語である日本語の規範を発展させる形で、文法的・語彙的な誤用が見られる。

図 6-2 に残存日本語話者と若年層話者の特徴の差を、日本語レベルと誤用頻度を軸として表す。戦前話者と若年層話者は、日本語習得や維持、使用環境など、習得背景が異なる。そこから 2 者間の日本語の特徴の質的差異が表れている。

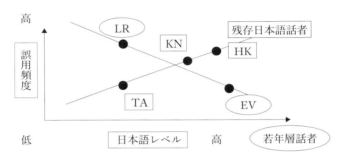

図 6-2　残存日本語話者と若年層日本語話者の日本語レベルと誤用頻度の関連

若年層話者は、話者間のレベル差は主に学習年数や、日本語使用の機会の多少によって決まる。日本語レベルが低い場合、語彙・文法的な知識の制約、運用能力の制約があるため、限られたリソースで多くのことを表現せざるを得ない。結果として、日本語の知識や運用能力が低い学習段階初期では、基本的な語彙や文法に誤用が起こる。学習が進むにつれて、目標言語である日本語の規範に従う形で中間言語が発達し、語彙や文法のミスが自然と少なくなる。また、学習が進むと、自信のない語彙や文法は使用しないという、いわゆる「非用」が起こることも上級段階でのミスを減らす要因となる。

対して、残存日本語話者は、話者間のレベル差は、どれだけ日本語を維持しているかということによって決まる。話者が日本語を使用しない場合、語彙や複雑な文法が失われてしまう。しかし、日本語の基本的な文法ルールや

語彙は維持しているため、日本語の運用レベルが低くても、中間言語的特徴はほとんど見られない。わからない言葉や文法は使わない「非用」もその傾向を強めている。逆に日本語を高度に維持している場合は、正しくない語彙や文法を自分の判断で使用する傾向にある。真田(2009)が指摘するように旧植民地は日本本土と距離があり、言葉の解放区であったため、そのような言語規範意識が低かったのである。結果、言語能力の高い話者に特徴がある日本語変種が生まれ、残存日本語として現在まで使用されているのである。

またこの様な違いは、World Englishes の議論とも共通性が見られる。近年 World Englishes という言葉が使われ、異なる言語環境における英語の変種の分類及びその特徴の分析がされている。Kachru(1992)は世界の英語の変種を Inner circle(内円)、Outer circle(外円)、Expanded circle(拡大円)に分類し、内円には第一言語として英語を話す人々が定住した地域、外円には主に英米の旧植民地で英語が第二言語(時には第一言語)として話される地域、拡大円には英語が外国語として話される地域が入るとされている。拡大円における言語変種は内円の地域の規範に従うのに対し、外円に入る地域は独立して独自に規範を形成する。同様に日本語を考えると、日本本土が内円に属し、日本統治時代のパラオは外円、現在のパラオは拡大円に属すことになるだろう。内円であった日本統治時代のパラオでは独自の規範が形成されつつあり、それが一部の流暢な話者に顕著に見られるのである。

6.7. まとめ

第 6 章では、戦前に日本語教育を受けた世代が話す残存日本語の分析を行った。その特徴として、(a)若年層と共通する中間言語的特徴が少なからず見られること、(b)語彙的・文法的な拡大用法が見られること、(c)それぞれの話者が強く接触があった方言的な特徴を持つこと、などを指摘した。その上で一般的な日本語習得者と比較して、残存日本語は標準語の規範を逸脱して独自の規則が形成される傾向にあることを指摘した。

注

1 　大橋・ロング(2011)の放送大学の録画教材参照。

2 　なお、「枯野」という表記が見られることから「カノ」は八丈古来のことばだという話があるが、これは学術的根拠がない。カヌーは英語から小笠原に渡り、そこから小笠原ことばの源の一つである八丈島に逆流した。

第7章 戦前世代によるパラオ語の
片仮名表記

　戦前、日本統治が始まった時点でパラオ語は書記体系を持っていなかったため、片仮名がパラオ語の表記に使用されていた。戦前に公学校で日本語を学習したパラオ人によって、手紙などの私的なコミュニケーションで使用されていたようである。戦後も選挙の投票などで名前を書く際に継続して片仮名が使用された。本章では、片仮名で書かれたパラオ語の文章を分析し、パラオ語における片仮名の使用体系を記述する。

7.1. 調査の概要

　パラオでは、戦前にパラオ語を書くために片仮名が使用されていたが、現在資料として見つけることは困難である[1]。これまでのフィールドワークで何度も収集を試みているが、実際に見つけることができていない。仮名によるパラオ語の手紙を保存している者もいたが、私的な物で恥ずかしいということと、どこに保存されているかわからないという理由で、見せてもらうことができなかった。また、現地発刊の日本語の新聞を片仮名表記のパラオ語に翻訳して、配布していたとも聞いて、多くの人を訪ね周ったが、実際に新聞は見つかっていない[2]。

　そこで、かつて日本時代にパラオ語を書く際に片仮名を使用していたパラオ人に対して、以下の3編の文章を書いてもらった[3]。

　①日常の日記のような文を片仮名表記のパラオ語で書いてもらったもの

②インフォーマントになじみのある、アルファベットで書かれた聖書の一節を見せ、片仮名に書き直してもらったもの（図7–1）[4]

③また、インフォーマントの知っているパラオの歌の歌詞をアルファベット、および片仮名で書いてもらったもの[5]

　本章はその3編の文章を分析し、パラオ語における片仮名使用の特徴の一端を明らかにすることを目的とする。本調査はパラオ人のインフォーマント1人に対して行った調査であり、調査資料も限られている。また、インフォーマントも述べていたが、パラオ語の片仮名表記に統一した方法があるわけではなかった。しかし、パラオ語の片仮名表記の特徴の一端を記述することは重要であると考えられる。

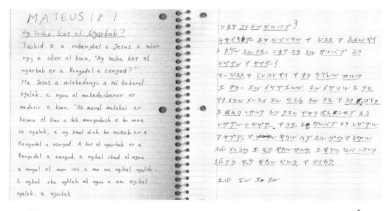

図7–1　インフォーマントによるパラオ語の片仮名書き資料の一つ[6]

7.2. 旧植民地における片仮名使用

　パラオ以外にも旧植民地である台湾、満州で片仮名が使用されていたことが報告されている。日本統治前にすでに書記言語が浸透していた地域であるが、様々な必要性から片仮名が使用されていた。ここでは日本語以外の言語に片仮名が使用されている例について、その特徴も含め先行研究を基にまと

めていく。

　満州においては、1935 年から学校の教科書で、外国の人名、地名、国名、専門用語などの表記に片仮名が使用され、新聞、雑誌、書籍などの出版物にも使用が見られた(石 2005)。その後、中国語を片仮名で表記する「満州カナ」が 1944 年に制定された(桜井 2012)。その目的は、字数の多い漢字ではなく片仮名により識字率を向上すること、日本語・日本文化の流入を促進することであったとされる(安田 1997)。しかし安田(1997)は、この「満州カナ」は大衆への普及や文書・文学における使用には至らなかったと述べている。また、その片仮名の文字体系については、大衆に向けて作成されたものであることから、新しい片仮名文字の作成や片仮名の小書きはされなかった(安田 1997)。

　台湾においては日本語教育を経験したアミ語母語話者によって、アミ語の表記に片仮名が使用されていた(簡 2011)。電話番号の控えや、家系図、歌詞のカードなどに使用され、片仮名の表音性を利用し、漢字では表しにくいアミ語を表記していると、簡(2011)は報告している[7]。また、日本人移民が台湾語を学ぶために台湾語の片仮名書きの方法が確立されていた(樋口 2012)。日本の台湾統治初期に、言語の相互理解がないことによる困難を解決するために、現地人に対する日本語教育に加え、日本人に対する台湾語を教育する方針があったためである(林 2008)。その特徴は林(2008)の記述を基に、以下のようにまとめられる[8]。

a) 新規作成の片仮名(ザ、チ、ツ、セ、ヲ)[9]
b) 閉音節の表記([n] ＝ヌ、[m] ＝ム、[ŋ] ＝ン、[p] ＝プ、[t] ＝ッ、[k] ＝ク)
c) 日本語にない音素の表記([o] ＝オ、[ɔ] ＝ヲ)
d) 出気音符号、八声符号の使用
e) 声門閉鎖音が後続する母音の小書き

パラオにおいてはパラオ語の片仮名書きが推奨されたこともなく、政策的

に片仮名表記が作られることはなかった[10]。しかし、日本統治以前にほとんど書き言葉が使われていなかったため、日本語と片仮名を覚えたパラオ人がパラオ語に片仮名を使用し始めた。また、海軍に勤めた後、ミクロネシアのいくつかの言語について著作を残している松岡静雄が文法の研究書を出しており、その中でパラオ語の全ての語を片仮名表記している（松岡1930）。この研究書が民間人の目に触れることは少なかったため、本の片仮名表記体系はパラオ人の片仮名表記に全く影響しなかったと考えられる。同時に、日本人の学者が考案したパラオ語の片仮名表記と、パラオ人の間で自然発生したパラオ語の片仮名表記にどのような相違が見られるかを比較考察することで、それぞれの特徴が浮き彫りになると考えられる。その点に関しても、後に考察していく。

7.3.　パラオ語の片仮名表記の特徴

　パラオ語と日本語は当然異なる音韻体系を持つため、書き表すパラオ語の音や音節構造に対して、完全に対応する仮名がない場合がある。その場合は、インフォーマントが独自のルールを作るとともに、場合によっては表記にゆれが見られるようである。以下では次の特徴、中舌母音［ə］、閉音節、二重母音・長音・促音、その他日本語にない音素(/ŋ/, /ʔ/, /l/ と /r/)の表記を詳細に分析していく。

7.3.1.　中舌母音

　パラオ語の母音体系は図7–2（Josephs（1990）を参考に作成）のように6母音である。中舌母音 ę［ə］はアクセントが置かれない音節のみに表れるため、ミニマルペアを見つけることは難しい（Josephs 1975）。また、語の変化形から母音弱化が起こった結果、中舌母音が表れると考えられる場合もある（Josephs 1975）。

　例えばパラオ語で所有格を表す場合には名詞に所有を表す形態素が付加するとともにアクセントがその形態素に移動し、元の語の母音に母音弱化が起

第 7 章　戦前世代によるパラオ語の片仮名表記　69

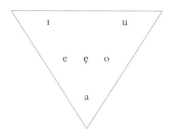

図 7–2　パラオ語の母音体系

こる。Josephs（1975: 20–21）の例、*bsibs* 'drill' → *bsębsék* 'my drill'、*chur* 'laughter'、→ *chęrík* 'my laughter'、*sers* 'garden' → *sęrsék* 'my garden'、*ngor* 'mouth' → *ngęrék* 'my mouth'、*kar* 'medicine' → *kęrúk* 'my medicine'、に見られるように、中舌母音以外の 5 母音全てで母音弱化が起こる。このようなパラオ語の 6 母音体系の特徴はパラオ語の片仮名表記にも多少の影響を及ぼしていると考えられる。文章の中に表れた中舌母音を含む単語の一部とその表記を以下の表 7–1 にまとめた[11]。

　ほとんどの中舌母音はエ段の仮名で表記される。アルファベット表記 e に引きずられていることは否定できないが、エ段以外の仮名が使用されている語もある（表 7–1 の網掛け）。アルファベット表記によって中舌母音の表記が決まるのであれば、全ての中舌母音にエ段の仮名が使用されることになる。つまり、エ段の仮名で表記される中舌母音は、エ段音に近い音として知覚されていると考えたほうが自然であろう。声門閉鎖音の前の中舌母音で仮名使用が変わる例が 2 例見られた。*techa, mengodech* の中舌母音にそれぞれア段とオ段の仮名が使用されている。*techa* では後ろに来る /a/、*mengodech* の二つ目の中舌母音の表記は前に来る /o/ に影響されていると考えられる。ただし *ngalek* の中舌母音はウ段の仮名で表記されており、前後の音環境のみで片仮名表記が決定するわけではない。中舌母音の表記はエ段の仮名での表記を基本とし、どの段の仮名も使用される可能性があると指摘できる。

表 7-1　中舌母音を含む語の表記

語	片仮名表記	発音記号
techa	タア	təʔa
rubengkel	ルベンケル	rubəŋkel
rengedel	レゲデル	rəŋədɛl
eanged	ヤゲデー	yaŋəð
kekerel	ケケレル	kɛkərɛl
ngalek	ガルク	ŋalək
mekedecherur	メケデエルル	məkɛdɛʔɛrur
mederir	メデリル	Məðərir
meral	メラル	məral
melekoi	メレコイ	mələkoy
kemiu	ケミウ	kəmiu
mengodech	メゴドォ	məŋoðəʔ
rengul	レグル	rəŋula

7.3.2.　閉音節

　パラオ語の閉音節を片仮名で書き表す場合は、[ŋ] が「ン」で表記される以外は、ウ段の仮名で書き表すことが多い。語中の閉音節は例外なくウ段の仮名が使用される。閉音節で終わる単語の後に母音で始まる単語がある場合は双方が影響し合い、表記が決定される場合もある。表 7-2 に閉音節で終わる語の例をまとめ、ウ段以外の仮名で表記される例を編みかけで示す。閉音節で終わる語が後続母音に影響される例として *mer iou* が見られる。逆に母音で始まる語が先行子音に影響される例は *ngikel oba* である。*tiakid e a, kot el, chad el* には、全てエ段の仮名「テ、デ」が使用される。また、閉音節で終わり母音が後続していない *eanged* の最後の閉音節も、「デ」で書き表す。またその他例外として、*a tal* は「ア　タラ」と表記され、ア段の仮名が使用される。なお、閉音節に小書がされる例が 1 例見られた(rakt ラックト)。

第 7 章　戦前世代によるパラオ語の片仮名表記　71

表 7–2　閉音節の片仮名表記

kot el	コテ　エル	*tiaikid e a*	テアイキデ　エヤ
ngarbab	ガルバブ	*mlor ngii*	ムロル　ギイ
eanged	ヤゲデー	*oker el kmo*	オケル　エル　クモ
msiseb	ムシセブ	*a tal kekerel*	ア　タラ　ケケレル
chad el	ハデ　エル	*ak meral*	アク　メラル
mer iou	メリ　ヨウ	*ngikel oba*	ギケル　ロバ
ngklek	ンクレク	*medousubes a mle*	メドウスベス　ア　ムレ
mederir	メデリル		

7.3.3.　二重母音・長音・促音

　次にパラオ語の二重母音・長音・促音がどのように片仮名で書き表される
かを考察する [12]。まず、パラオ語の現行の正書法では y, w は認められていな
いが、[j]、[w] の音は表れる。その場合にはヤ行、ワ行が使用される
(*eanged* ヤガデ／ *mua* ムワ／ *iou* ヨウ／ *mo ua* モワ／ *ua* ワ)[13]。また [j]、
[w] が表れるとされる二重母音を含む語にもヤ・ヨ・ワが使用されている (*e
a* エヤ／ *tiaikid* テヤイキデ／ *diak* [diak] デヤク)。実際はどの語句で二重
母音の一つが半母音として発音されるかは予想が難しいが (Josephs 1975)[14]、
インフォーマントは全ての半母音が起こりうる語句にヤ・ヨ・ワを使用して
いる。少なくともインフォーマントにはそう知覚され、ヤ行・ワ行の仮名が
使用されるのであろう。なお、使用されるワ行の仮名は、旧仮名遣いのヲ、
ヰも含まれる (*uo* ヲ／ *uoi* ヰイ／ *wil* ヰル)[15]。

　パラオ語の母音は e, i, o, u に長母音が存在する。音声学的には短母音より
も長いが、母音にわたり音 (前舌母音は [j]、後舌母音は [w]) が続く形で発
音される (Josephs 1990: xlii)。表 7–3 のように、文中に表れた数少ない長母
音のほとんどがア行の仮名で表記される。長母音に長音記号が使用された例
は 2 例 (*elii* エリー、*nguu* グウー) である。前者はア行の仮名 (「イ」) の付加
なしで、後者はア行の仮名 (「ウ」) の付加に加えて長音記号が使用される。一
方、*elii* と似た音節構造の語 *ikrii* イクリイで長音記号が使用されず、*nguu* に

は「グウ」という長音記号を使用しない、表記のバリエーションが見られる。インフォーマントの長音記号の使用にはゆれがあると言える。なお、長母音以外にも長音記号のようなものの使用も見られたが、インフォーマントによると、「つながっていることを示す」記号であるという。パラオ語では確かに閉音節で終わる語に母音で始まる機能語をつなげて発音することが多く見られる。しかし、文末にも長音記号に似たもの「ー」が使用されている例が見られる（…*eanged?* ヤゲデー）。語は子音［ð］で終わるため、なぜこのように記号が使用されるかは現時点では不明である[16]。しかし、長音記号がパラオ語の長母音を示すために使用されていないことは確かである。

表 7-3　長音記号の使用

使用例		長母音への記号の不使用	
elii	エリー	*meluluut*	メルルウト
kot el	コテーエル	*ikrii*	イクリイ
eanged	ヤガデー	*milekedongii*	ミレコドンギイ
nguu	グウー	*nguu*	グウ
ma Jesus	マージスス	*muus*	ムウス
a ua	アーワ	*luus*	ルウテ

　促音表記「ッ」はフィリッピン *Philippine*、マキット *makit*、ラックト *rakt* のみに使用される。フィリッピンは固有名詞であるが、『南洋群島國語讀本』での表記は同じく「フィリッピン」である。*makit*（アクセントは i）は英語の market からパラオ語に入った外来語である。*makit, rakt* は両方、（強弱）アクセントが置かれる位置に促音記号が挿入されている。例が二つのみであるため推測の域を出ないが、促音表記をする理由としては、インフォーマントが日本語の外来語への促音挿入の規則を無意識的に学習し、パラオ語の仮名表記に応用した可能性がある[17]。

7.3.4.　その他日本語に見られない音素と音節構造

　パラオ語には /l/ と /r/ の対立があるが日本語にはないため、仮名でそれを表すことができない。パラオ語ではそれが時に意味理解に問題をきたす可能性があるため、インフォーマントは書き分けの方法があると述べていた。ただし、常に書き分けるわけではなく、混乱をきたす可能性があると感じられる場合だけ書き分けられ、そうでない場合は、読み手の理解に任せるようである。文中にもミニマルペアとなる語 *el* と *er* が見られる。書き分けは /r/ の場合は通常のラ行の仮名を使用し、/l/ の場合に濁点「゛」に似たマークをつけるか、小書きをするようである。この書き分けは本調査のインフォーマントの方法であり、決して共通した書き分けではないと述べていた。

　パラオ語には音素 /ng/ があるが、/n/, /g/ は存在しない（/ng/ の異音として［n］が、/k/ の異音として［g］は見られる）[18]。/ng/ が閉音節を構成する場合は「ン」、開音節の場合はガ行の仮名が使用される（表 7–4）。この規則には例外が見られないようであった。

表 7–4　音素 /ng/ の表記

閉音節		開音節	
ng	ン	*milekedongii*	ミレコドンギイ
rubengkel	ルベンケル	*ngalek*	ガレク
meng	メン	*rengedel*	レゲデル

　声門閉鎖音は、音環境によって異なる表記がされるようである。まず *chad*（［ʔað］、ハデ）に「ハ」が、*chuarm*（［ʔwarm］、フワルム）に「フ」使用される例が見られた[19]。その他の音環境では母音のみでア行の仮名が使用される（*chemutii* エムテイ／ *techa* タア）。つまり、声門閉鎖音が語頭に来るかどうかや、調音点（日本語の「は、へ、ほ」は声門摩擦音［h］）が同じかどうかは関係しないようである。これもインフォーマントの知覚で、もっとも近いと考えられた片仮名表記がされているのであろう。なお、語末に声門閉鎖音が来る場合はまた別の表記がされる（*mengodech* メゴドォ）。オの小書きは、

おそらく声門閉鎖音が存在することを示しており、母音で終わる語でないことを示していると考えられる。語末の声門閉鎖音は他の単語がなかったため推測になるが、声門閉鎖音の前の母音に応じて、同様にア段の仮名が使われるのでないかと思われる。

パラオ語の音節構造には、日本語にはない /ti/, /tu/, /di/, /du/ が存在する。/ti/, /di/ はそれぞれテ、デで表記される(*tiaikid* テヤイキデ、*di* デ)[20]。/tu/, /du/ は用例がなかった。おそらくト、ドで表記されるのではないかと推測される。チ、ツは日本語からの外来語に使用されるため、「チ、ツ、ヂ、ヅ」はタ・ダ行の他の音([t]、[d])と異なることを認識し、使用を回避していると考えられる。

7.4. 研究書に見る片仮名表記との比較

ここでは、以上で考察したインフォーマントのパラオ語における片仮名使用をまとめ、前述の研究書、松岡(1930)『パラウ語の研究』における片仮名表記との比較考察を行う。松岡(1930)の片仮名表記は表 7–5 に、インフォーマントの片仮名表記は表 7–6 に、まとめられる。松岡(1930)は研究書であることから、パラオ語の記述のための手段として片仮名でパラオ語を表記している。日本語起源など外来語の表記に関しては特に記述がない。目的が異なるため、表記の体系が異なるのは当然だが、それぞれの音の知覚が如実に表記の違いに表れていると言える。以下相違点について記述する。

まず、[k]、[g] の表記に相違が見られる。本調査のインフォーマントは[k]、[g] は /k/ の異音であることから、同じ音として知覚し、全てカ行の仮名で書き表している。日本語にその音韻的違いがあることから、松岡は異音であると認めながら、カ行とガ行の仮名で書き分けをしている。[p]、[b] の表記にも同様の点が見られる(ただしインフォーマントは日本語借用語にはパ行の仮名を使用する)。

松岡は異音の [g] にガ行の仮名を使用しているため、[ŋ] にナ行の仮名を使用するに至っている。松岡はその理由として、先行研究で音素 /ng/ が

表 7–5　松岡（1930）におけるパラオ語の片仮名表記 21

他	[p]*2	[b]	[ʔ][x]*3	[d]*2	[ŋ]	[r][l]	[m]	[t]	[s]	[g]*2	[k]	—	母音*1
一 ウ ヌ*4	バ	バ	カ゚	ダ	ナ	ラ	マ	タ	サ	ガ	カ	ア	[a]
	ビ	ビ	キ゚	ヂ	ニ	リ	ミ	チ	シ	ギ	キ	イ	[i]
	ブ	ブ	ク゚	ヅ	ヌ	ル	ム	ツ	ス	グ	ク	ウ	[u]
	ベ	ベ	ケ゚	デ	ネ	レ	メ	テ	セ	ゲ	ケ	エ	[e]
	ポ	ボ	コ゚	ド	ノ	ロ	モ	ト	ソ	ゴ	コ	オ	[o]
—	—	ブ	ク゚	デン	—	ル	ム	テ	ス	ゲ	—	ウ	—

*1　松岡は中舌母音［ə］を音素として認めていない。
*2　［g］,［d］,［p］は異音として発生したものであると捉えている 22。
*3　声門閉鎖音は、［x］に近い音で発音される場合もあると述べている 23。
*4　松岡の音声的知覚から、［k］,［t］,［d］の後にヌが加えられることがある。

表 7–6　本調査のインフォーマントによる片仮名表記

[ŋ]	[w]	[r]	[l]	[j]	[m]	[t]	[s]	[k][g]	—	母音
ガ	ワ	ラ		ヤ	マ	タ	サ	カ	ア	[a]
ギ	ヰ	リ	—	—	ミ	テ	シ	キ	イ	[i]
グ	—	ル		ユ	ム	ト	ス	ク	ウ	[u]
ゲ	エ	レ	—	—	メ	テ	セ	ケ	エ	[e̞]
ゴ	ヲ	ロ		ヨ	モ	ト	ソ	コ	オ	[o]
ゲ	—	レ	—	—	メ	テ	セ	ケ	エ	[ə]*1
ン	ウ	ル	ル゚	イ	ム	ト*5	ス	ク	ウ	—*2

他*4	[n]*3	[ts]*3	[z]*3	[p]*3	[h]*3	[b]	[ʔ]	[d]	母音
ッ	ナ	—	ザ	パ	ハ	バ	ア　ハ	ダ	[a]
ー	ニ	チ	ジ	ビ	ヒ	ビ	イ	デ	[i]
	ヌ	ツ	ズ	ブ	フ	ブ	ウ　フ	ド	[u]
	ネ	—	ゼ	ペ	ヘ	ベ	エ	デ	[ɛ]
	ノ	—	ゾ	ポ	ホ	ボ	オ	ド	[o]
	—	—	—	—	—	ベ	—	デ	[ə]
	ン	—	—	—	—	ブ	*6	デ	—

*1　中舌母音は基本的にエ段の仮名で表記されるが例外も見られる。
*2　閉音節は後続の語が母音で始まる場合はそれに影響される場合もある。
*3　［h］,［p］,［z］,［ts］,［n］は日本語の外来語に使用される。
*4　促音「ッ」長音「ー」の使用規則は定かでない。
*5　1例のみ「ト」と小書きが見られた。
*6　語末の声門閉鎖音は前の母音の小書きで表記される。

n と表記されていること、音素 /n/ がないことなどを挙げている。その上で松岡が別の著書『ミクロネシア語の綜合研究』でミクロネシア他言語の音素 /ng/ の表記に、ナ行の仮名のゴシック体を使用している例に従わないとしている。

　〔ti〕,〔tu〕,〔di〕,〔du〕には、松岡は日本語借用語を除いた純粋なパラオ語の表記を考えていないため、チ、ツ、ヂ、ヅを使用している。しかしインフォーマントは日本語借用語の音との違いを考えているため、テ、ト、デ、ドを使用するに至っている。

　〔l〕,〔r〕は、松岡はそれが音韻的に区別されると考えていないため、書き分けの方法を考えていない。インフォーマントはその点、意味的な混乱が起こる *er* と *el* の書き分けをしている。〔j〕,〔w〕も松岡は音素として認めていないためヤ行、ワ行の仮名は使用していない。現行の正書法の元となった Josephs（1975, 1990）も音素と認めていないが、インフォーマントは違いを知覚し、ヤ行、ワ行の仮名を使用している [24]。

　長音記号の使用には類似点が見られる。松岡もパラオ語の長母音は母音の持続時間が長いと知覚しておらず、むしろ二つの母音が分かれて発音されると知覚している。o の長母音のみは長母音として知覚し、長音記号を使用している。データからはインフォーマントが o の長母音に同じように長音記号を使用するかはわからなかったが、他の長母音に長音記号を使用していないことは共通している。

　中舌母音の表記は共通点が見られ非常に興味深い。インフォーマントがエ段以外の仮名を使った語の表記が松岡にも共通している。*ngalek, techa* はインフォーマントはガルク、タ̲ア、松岡はナ̲ルク、タカ゜であり、中舌母音の表記が共通している [25]。なお、松岡はゥ、ヌが音素としてではなく、音として表れると知覚した場合に表記するようである。

7.5.　まとめ

　以上少ない資料を基にして、戦前日本語教育を経験したパラオ人によるパ

ラオ語の片仮名表記の特徴を考察した。考察は以下のようにまとめられる。

A） 6母音体系を持つパラオ語の中舌母音は、エ段の仮名による表記が主だが、前後の母音など音韻環境により他の段の仮名表記も見られる。

B） 閉音節の表記はウ段の仮名、もしくは後続の母音に影響されエ段の仮名の使用が主だが、例外も見られる。

C） 一部の二重母音の表記にはヤ行・ワ行が使用される。

D） 長音記号の使用は少なく現時点で不可解な点も見られる

E） パラオ語は促音に相当するものを持たないが、一部の単語に「ッ」が使用される。

F） 側音 /l/ とふるえ音 /r/ の区別は、誤解が生じる可能性の判断により a)書き分けない、b)側音の場合に濁点「゛」をつける、c)側音の場合に小書きをする、のいずれかが選択される。

G） /ng/ は閉音節で「ン」、開音節で母音とともにガ行の仮名が使用される。

H） 声門閉鎖音は、基本的には後続の母音のみで仮名表記がされるが、語頭で「ハ」「フ」が使用される例、語末で前の母音の仮名を小書きする例が見られた。

注

1　Matsumoto(2001b)は1998年に233名のパラオ人に対して、パラオ語表記の使用文字を調査しており、戦前の日本時代に教育を受けた者を中心に、多くのパラオ人が片仮名を使用していたことがわかっている。

2　新聞は見つかっていないが、印刷屋で働いていたパラオ人の孫の情報であるため、存在したと考えられる。

3　インフォーマントは1931年生まれで、ゲサール州出身である。沖縄系の父、パラオ人の母を持つ。なお日系以外のパラオ人の間でもパラオ語に片仮名を使用し

78

ていることは確認している。

4　*Chedaol Biblia*, Bible Society of Micronesia, 2004, 2004 Edition の Matteus 18: 1–5（マタイによる福音書 18 章 1–5 節）を使用した。聖書の使用はインフォーマントが読みなれている文章であるとともに、オンラインでオーディオデータにアクセスすることができ、音声を容易に確認することができるという利点がある。

5　①の日記のような文は、Long & Imamura（2013）に収録されている。③の歌詞の資料は、沖縄県立芸術大学の小西潤子教授より提供いただいた。

6　インフォーマントが高齢ということもあり、聖書の一節を筆者がノートの左側に大きく書き、右に片仮名による表記をするようにお願いした。

7　漢字にも表音性は認められると考えられるが、画数の少ない片仮名の使用が好まれたのであろう。

8　（閩南語の泉州）方言的な母音を現すために、「ウ　オ」も使用されたようである（林 2008）。

9　サ、チ、ツ、セ、ソはそれぞれ、/tsa/、/tse/、/tso/、/ti/、/tu/ を表す。

10　そうした施策の動きが全くなかったかどうかはわからないが、少なくとも記録は見つかっておらず、そうしたことがあったという話も聞いていない。

11　使用した聖書は単語の綴りが現在のものと異なるものが見られる。その点から現行で使用されている（いまだに統一が完全に行われていない）正書法が使われていないことがわかる。*milekedongii* は綴りを見て中舌母音が含まれると考えられたが、辞書に記載があったのは *milkodongii* である。音声データから発音も後者の綴りに近いことが確認された。

12　なお、当時の公学校における日本語教科書『國語讀本』では、促音はツの小書き「ッ」が使用されており、長音記号「ー」は外国の地名（ニューギニア、マーシャル）などにのみ使用されている。

13　現行の正書法が使われる前までは、y, w は使用されており、使用を再開することも検討されている。

14　Given only the Palauan spelling of words contacting vowel clusters, it is very difficult to predict the correct pronunciation. This is because some of the（spelled）vowels are pronounced in different ways, depending on whether or not they are stressed and whether they precede or follow the adjacent vowel（Josephs 1975: 24）.

15　歌詞の中に使用されている *wil* は人名である。また *uoi* はインフォーマントは *ui* と表記している。近年確立されたパラオ語の正書法とインフォーマントが学習した書き方の違いであると思われる。w, y は古い慣習では使用されていたが、正書法では使用が廃止された。

16　インフォーマントに追加の聞き取り調査を行ったところ、「書かなくてもいい」「消してもいい」といった返答があったため、個人の中で長音記号の使用にゆれ

があると考えられた。

17 外来語の表記での促音挿入は、hip（ヒップ）、bridge（ブリッジ）のように、単母音の後に破裂音・破擦音が来る場合などに観察される（小野 1997）。

18 異音は分析に特に関係しなかった。/n/ は日本語借用語に限れば存在する。

19 パラオ語の声門閉鎖音は ch で表記される。

20 「ティ」や「ディ」という表記は、戦前は定着しておらず、一般的でなかったと思われる。

21 縦軸の「—」は閉音節を示す。

22 「濁音ガ行、ダ行及バ行は本來音便として發生したもので、カ行、タ行、バ行との間に本質的な區別はない」（松岡 1930: 13）

23 「カ行には清濁二音の外に喉音がある、即ち kh を子音とするもので、k が強く響く場合にはカ行に聞こえるが、h 子音が勝つとア行に近くなる」（松岡 1930: 10）。これに関して McManus（1968: 2）は年配の話者（older people）の間では［x］に近い音であると考察している（"some older people pronounce this as a harsh guttural somewhat like the German ch or Spanish j."）。

24 現行の正書法の前の y, w の使用が影響したのかもしれないが、この点は興味深い。ヤ行、ワ行の仮名使用の結果は正書法における y, w の使用の正当性を支持することになる。

25 中舌母音の中でも他の 5 母音の一つに近いものがあるのか現時点では正確なことがわからない。なお。先に述べた Josephs（1990）の説明にある母音弱化の例では、松岡は中舌母音をエ段で知覚するようである。

第8章 アンガウル島における準ピジン 日本語

　本章では、アンガウル島における接触言語「アンガウル日本語」(Angaur Japanese＝AJ)の存在を指摘し、その特徴や社会的・歴史的背景、さらには接触言語学的な分類について考察する。

8.1. 調査背景と分析観点

　パラオにおいて調査の過程で、パラオのアンガウル島では戦前世代だけでなく、戦後世代でも日本語が話せるという情報を得た。科学的なデータやはっきりした基準があったわけではなく、あくまでも印象に基づいた非専門家の「話せる」という評価であったが、複数の住民から証言を得た。そこで、日本語話者数の誇張やその日本語能力の過剰評価があったとしても、そもそも「アンガウル島民は日本語が話せる」という評判の発端はどこにあるか調べる必要があると考え調査に至った。

　現地調査に基づいた分析、参与観察、面接調査に加えてアンガウルを離れてコロールに移り住んでいる島民も多数調査した。その内容は次の通りである。(1)アンガウル島民がどのような日本語を話しているか。特に戦後育ちの島民で、日本滞在経験もなく、日本語学習経験がないパラオ人が日本語を使っているか。(2)そうした「アンガウル日本語」はどのような言語変種(ピジン、クレオール、混合言語、中間言語など)として分類されるか。

　本章の論考は以下の順番で行う。第2節ではこの言語変種ができあがり、使い続けられてきた社会的環境として、アンガウル島の戦前、戦後の社会的

状況を概説する。第3節では参与観察と聞き取り調査のデータを分析して、アンガウル島民の日本語能力を記述する。第4節と第5節で2人の話者が使用する日本語の言語特徴をケーススタディとして分析する。最後に第6節では、アンガウルで話されている日本語をどのような接触言語として分類できるかについて考察する。

8.2. アンガウル日本語の歴史的・社会的背景

　ここで当該地域の地理的、歴史的背景について考察していく。アンガウル島はパラオ共和国に属する離島であるが地理的に隔離されており、他州の状況とは異なる。パラオの中心はコロール島とその北にあるバベルダオブ島であり、現在この二つは橋で結ばれているため交通が容易である。その他の有人島もほとんど一つの巨大なリーフ（周囲298キロの珊瑚礁）に囲まれているため、海が穏やかで行き来が容易である。一方、アンガウル島はこの巨大なリーフの外側にあるので、外海に出なければならず、悪天候で定期船が欠航になることがしばしばある。海が荒れていなくも、コロールから64キロ離れているため、アンガウル州政府が運営している定期船（月に5回のフェリー）で3.5時間かかる。つまり、アンガウル島はパラオに属しながらもかなり孤立しているのである。そうした地理的背景から、パラオのその他の島とは異なる歴史と社会状況が見られる。それに以下で説明するように、戦後に日本人が大勢居住していたパラオ唯一の州でもあった。

　20世紀の間は、アンガウル島は絶えず、多言語社会であり続けたと言える。ドイツ時代からヤップのウルシー環礁やそれぞれの離島から男性が労働力として強制移住させられ、家族の女性も連れて行かれた（Pacific Worlds 2003にあるIsaac Langalの談話参照）。日本時代にもヤップ人が労働者として住んでいたことがわかっている（Pacific Worlds 2003にあるManuel Hadhomar談話参照）[1]。また、戦前にサイパンの人々がアンガウル島で生活していたため、彼らが暮らしていた地域は地図に「サイパン村」と記されている（図9–4）。さらに、戦前、日本がパラオを統治し始めた1914年から日本軍

が配置されていたが、その後日本人の入植者が増加し、1932 年の統計によると、アンガウル島の住民 975 人のうち、日本人は約 3 分の 1 弱を占めていた。戦後には、チューク人が労働者としてアンガウルに滞在していた（2011 年 9 月 16 日、Momotaro Timothy Ueda Rafael 面接調査）。

　アンガウル島では戦前・戦後ともに日本語は日本人と話す時に使うものだけではなく、パラオ語を母語としない者同士の共通言語として、重要な役割を果たしていた。第 2 次世界大戦が終結するとともに日本人が島から帰還を余儀なくされたが、燐鉱石の採掘のために 1946 年 5 月に再び居住し始めた（Wahl 2000: 111–112）。1946 年 7 月に 150 人の労働者が到着し、その後 9 月、10 月にそれぞれ 170 人の労働者が到着した（Palau Community Action Agency 1973: 482）。1946 年から 1947 年にかけてアンガウル島に居住する日本人は 600 もしくは 700 人まで増加した（Wahl 2000: 112, 141）。

　移住初期は、日本人は燐鉱会社の敷地内にある寮に居住し、外に出ることが制限されており、アンガウル島民の女性もまた寮に出入りすることを禁止されていた（Wahl 2000: 137）。寮での食事は限られているため、寮の外に出て他人の家の作物を盗み食いしたことが理由だった（同上 113, 141）。しかし、時が経つにつれてその様な制限が緩くなったようである（同上 137）。人口密度が比較的高かった当時の状況で（150 人/km^2）、交流は自然に増えていった[2]。アンガウル島内には日本人とパラオ人の当時の交流の様子の写真はアンガウル州資料館で展示されている（図 8–1, 8–2）。このようにパラオのその他の島とは異なり、戦後直後も日本人が居住していたアンガウル島では、日本語の使用頻度が高かったことが容易に想像できる。1956 年までアンガウル島に住んでいた Toshiwo Akitaya によると日本人の燐鉱石事業が 1955 年まで続いた[3]。

　日本人が居住していた当時は、パラオの他州に比べて日本語を使用する機会が多かったことが明らかである。また、アンガウル島民の Leon Gulibert 氏の証言（2013 年 3 月 16 日調査）によると、アンガウル島には 1960 年代から日本人の退役軍人などの観光客が来ていて、80 年代、90 年代が日本の観光客が比較的多かったようである。人口が少ない島への日本人観光客の訪問

図 8-1　パラオ人と日本人の親善野球
　　　　（State Museum of Angaur）

図 8-2　パラオ人と日本人の交流（State Museum of Angaur）

は当然日本語での交流を産んでいた。正式な宿がない島では当然かもしれないが、それぞれの島民の自宅に招いていたようである。つまり、日本人が帰国した後も継続的に日本語を使用することがあったと考えられる。上述の情報を総合して図 8-3 で示す。

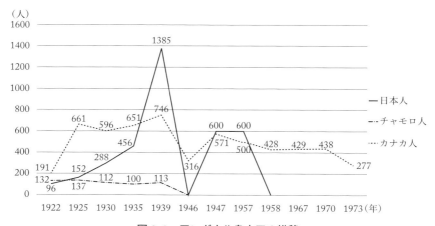
図 8-3　アンガウル島人口の推移

　現在、統計上の「アンガウル州」の人口は 300 人程度となっているが、長期離れて暮らしている人が多く、300 人も住んでいないのが実情である。日本人は派遣ボランティアが 1 名住んでいるのみであり、観光客はほとんど来ることがなくなったという。

8.3. アンガウル島民の日本語の理解・産出傾向

8.3.1. 調査概要と比較

アンガウルで数人を対象として、聞き取り調査を行った。アンガウル人の日本語能力は簡単な挨拶や単語の発話からある程度の会話ができるものまで、様々であった。ここでは全体的な傾向を概説する。

表 8-1　調査話者とその生年

T	1943 年
M	1948 年
G	1956 年
H	1959 年
L	1961 年

アンガウル人は、言語能力は様々だが、コロール(やその他の地域)とは異なり、自然習得による日本語話者が見られる。以下で考察するように、パラオ語に入った日本語借用語を多用する面もあるが、日本語による多少の意思疎通は可能である。一方、コロールなどでは、戦前世代の日本語が話せる者、日本で仕事をした日本語が話せる戦後世代、日本語が話せない戦後世代しかいない。日本語学習経験がなくて日本滞在経験もない話者は日本語を全く解さない。このような関係は、表 8-2 によって示すことができる(自＝自然習得による言語能力、学＝学習による言語能力)。

表 8–2　アンガウルの話者とコロールの話者の日本語レベル

レベル	理解	産出	アンガウル	コロール
1	挨拶程度	挨拶程度		自
2	単語レベル	単語レベル	自	
3	文レベル	単語レベル	自	
4	文レベル	文レベル	自	学
5	段落レベル	文レベル		学
6	段落レベル	段落レベル		学
7	複段落レベル	段落レベル		学
8	複段落レベル	複段落レベル		学

8.3.2.　M の場合

M は、「夜」や「おはようございます」、「どこ行くの？」、「飲んで？」と
いった日本語を発している。缶ビールを手に近づいて来て、「飲んで？」と
調査者に言うが、使用していた上昇イントネーションから、意図していた意
味は依頼・命令というよりは「飲んでいる？」または「飲む？」という疑問
文だったことがわかる。すなわち、彼は「飲んで」をチャンクとして覚えて
いるだけで、活用形が作れない。

また、調査団が彼の髭について「何年伸ばしているんですか？」と聞いた
ところ、適切な返事を英語でもらっているが、「お父さんはパラオ語を話し
ましたか？」という質問は通じなかった。本人に対してではなく、第 3 者
について尋ねているという点や、現在ではなく、過去のことについて尋ねて
いるという点は難しいようである。「here-now statement」、つまり目の前に
あることと今に関する発言はそうでない発言に比べて第二言語話者に通じや
すいと言われるが、その傾向が見られた。

8.3.3.　G の場合

G は挨拶ことばのような定型表現だけではなく、「猿がある」、「パパイヤ
の無いよ」のように、その会話の流れに合った日本語の表現を使っている。

有情物に「いる」ではなく、「ある」を使用する点や、助詞の「の」と「が」を混同する点は自然習得者に広く見られる誤用である。しかし、同時に、Gは単語のみのコミュニケーションだけでなく、文の機能語を含めて発話をしている。つまり、旅行会話のように単に覚えた語のみを使うわけではなく、自然習得をしている様子がうかがえる。

8.3.4. Tの場合

Tは「あなた名前は？」、「わたし、Tサン」、「あなたビール飲む？」「つかれなおす」、「日本人話す」、と言った発話をしている。「私、Tさん」では自らの名前に敬称のサンをつけている。「飲もう」と誘う時や「乾杯！」という場合に、「つかれなおす」という発話をしている。「つかれなおす」は「疲れ(を)直す」という発想に由来すると思われパラオ語として使用されている。「日本人話す」は「日本語(を)話す、日本語が話せる」という意味合いで用いられている。つまり、「Japanese＝日本人、日本語」という意味領域のずれに起因する誤用である。日本語の使用は「一語文」の発話がほとんどで、一語でなくても知っているわずかな単語をつなげていただけの発話であった。

8.4. Lの場合

次に、アンガウル生まれ育ちの中年男性(2013年調査当時52歳)Lを取り上げる。日本語学習歴がないにもかかわらず、日本語である程度のコミュニケーション能力を持っている。Lに対する調査は、筆者2人ともう1名の日本語母語話者であった。調査団との会話には英語の発話と日本語の発話が混ざっていた。アンガウル人の中には英語が不得意な人も少なくないが、L氏は英語が流暢に話せる。そして筆者(今村)が英語が話せることを知っていたにもかかわらず、日本語の語句を使うこともあった。それだけL氏は日本語を用いることに抵抗がなかったと言えよう。Lが汎用していた表現は「行こう？」である。日本語と同じ勧誘の時もあったが、上昇イントネーション

を伴い、むしろ「行きますか？」という疑問文で使う時もあった。

　Lが3日間の会話で自発的（調査団が質問に用いた後ではなく）に使った単語には例えば、「蟹、頭、教会、夜、中、猿さん、3人、暑い」などであった。これらの単語はパラオ語の借用語になっていない。Lの発音はほぼ日本語のままであった。一方、パラオ語の借用語からの影響で「大丈夫」や「ゴミ捨て場」の発音がそれぞれ［daidʒop］と［komisteba］となっている。「蟹」や「頭」、「教会」は具体名詞で「指をさして説明できる」単語で比較的に学びやすい。これらに比べて、夜になればマングローブ蟹を捕りに行くという話で出て来た「夜」、あるいは袋の中に蟹が入っていると言った時の「中」は抽象的な概念である。Lのような戦後世代のアンガウル人は日本語を計画的に教わっていないが、バイリンガルである戦前世代の話者から多少の習得が起こっていると考えられ、こうした伝承が抽象的な概念の習得を可能にしたと考えられる。

　それでも、Lは「教会3人ある」と表現しているが、これは「サンニン」を「三つ」という意味と勘違いしていることに起因するであろう。Lが使う「サルサン」はチャンクとしての使用だと考えられる。アンガウルには20世紀初頭にドイツが連れて来たサルが野生化している。第4章で考察したようにパラオには日本語の敬称サンが絡んでいる複数の例がある。人名のOikawasang、一般名称には鳥の *iakkotsiang*（やっこちゃん）や *daikusang*（大工）が見られる。これらも、本来別の形態素だった敬称のチャンやサンが融合している。

　参与観察の中で、Lに通じた日本語の質問は、「ここは何ですか？」、「大きいですか？」、「蟹を捕まえた？夜に」、「パラオ人はこの時間は何をするんですか？夜は？」「アンガウル人は何の仕事をしてるんですか？」、「灯台では水は使うんですか？」などがあった。つまり、ヲ格以外にもニ格やデ格が入った文にも答えている。

　Lの口から複雑な文や動詞・形容詞の活用が絡んでいる発話は見られなかった。しかし以上の例から、Lは「物の名前」になっている名詞のみを使っているだけではないことがわかる。

8.5.　H の場合

　以下は、1959 年アンガウル島生まれの話者 H のケーススタディである。
H は調査したアンガウル島出身者の中で一番日本語能力が高い。そのため、
H の日本語の理解と産出を、詳しく分析していく。H は炭鉱で働く日本人
が引き上げた後に生まれたため、両親や島の大人の日本語の会話を聞いて日
本語を習得してきた。以下では、2012 年 8 月に行った約 40 分間の面接調査
から得られたデータを分析する。話者 H が 40 分間続けて、日本語で会話を
続けるのが困難であるという理由で、インタビューはロングが英語で、今村
が日本語で行った。

8.5.1.　理解

　H は細かな文法の機能を理解するより、文脈に依存して、質問の核とな
る単語を聞き取り、質問の大意をつかむこと(skimming)によって日本語を
理解しているようである。そのため、文脈依存度が高い文は多少複雑になっ
ても理解するが、文脈依存度が低い文は簡潔な文でも理解できない場合が多
い。以下の例文 8–1～4 は H が理解した文である[4]。

　例文 8–1 は、比較的文型が簡単で、単純な質問である。この質問は問題
なく理解できた。例文 8–2 は「どこに学校があった」という文脈の流れで
の筆者らの Yes-No 疑問文であり、H はこれを正しく理解できている。例文
8–3 は「アンガウルの農作物は全てサルが食べてしまう」という話の流れで
の断定文の確認要求であるが、これも正しく理解されている。文脈に依存し
ている質問は理解していることがわかる。例文 8–4 でも、「何匹」という理
解しないと考えられる語句が入っているが、結果的には理解されている。
「何匹」がわからなくても、「猿」「いる」という単語と疑問文というだけ
で、文の意味の推測が可能であり、文脈からの推測も可能だったと考えられ
る。

　逆に理解されなかった文は、以下の例文 8–5～7 のような例である。例文
8–5 では、「台湾の人は生きたままの猿の頭を切って脳みそを食べる」とい

う話(英語で述べられた)の後の筆者(今村)の質問である。筆者(今村)は日本語の発話を引き出すために、内容の確認として、「何を食べるんですか」と聞いている。その返答として、「スプーンで食べる」と述べているのである。文脈では、すでに「何を食べるか」を述べているため、質問が来るとしたら、「何で」である。そのため、文脈に依存した形で、「スプーンだよ」と述べているのである。

例文 8–6 は、一連の話が終わった後に、新たな話題として質問をしている場面である。そのため、文脈に依存して理解することができないため、質問に適切に答えることができなくなっているのである。同様に、例文 8–7 は同じように課題の変わり目での質問であり、文脈依存が低い。すなわち文脈から発話の意図を推測することが難しい場面であり、H は繰り返し質問しても理解ができていなかった。

8–1.　R：H さんは何歳ですか？

　　　 H：Fifty three.

　　　 R：ああ、五十三歳。

　　　 H：ごじゅうさん。Very old, uh,...

8–2.　R：アンガウルの学校行ったんですか？

　　　 H：アンガウル学校。はい。

8–3.　R：(アンガウル島民は)全部コロールの物食べてるんですね。

　　　 H：はい。はい。

8–4.　R：猿は何匹いるんですか？

　　　 H：ああ、too much!

8–5.　R：[猿の] 何を食べるんですか？（誤解）

　　　 H：スプーンだよ！

8–6.　R：今何人います？アンガウルに。（誤解）

　　　 H：今アンガウルに仕事はない。

8–7.　R：いつまでアンガウルにいたんですか？

　　　 H：Huh?

まとめると、H 理解できる語彙・表現が少ないにも関わらず、文脈に依存して推測を働かせて日本語を理解することが可能である。彼と同等の語彙・文法事項能力を持った一般の第二言語習得者であったら、H ほどの理解能力を持たないであろう。

8.5.2. 産出

以上で H の日本語の理解傾向を考察してきたが、以下では H の日本語産出に関して考察していく。H の産出は限られており、例文 8–8 のように英語と日本語が入り混じる発話もしばしば見られる[5]。

8–8.　H：Before... 今できる飛行機（飛行場）Japan アンガウル length. More 長い More 大きい than Airai Airport.（中略）It is almost 7000 feet. Airai is only 6300.

その中でも多様な文法項目を使っていることが観察される。話者が使った文法事項を列挙すると表 8–3 のようになる。表 8–3 のように、誤用を含めてみると H の産出した文法事項は、あまり高くない語彙・表現の理解傾向を鑑みると、多様であると言える。つまり、日本語を理解できるとともに、一つ一つの文法事項を暗示的に学習し、独自の文法を作っていると言える。

表 8–3　H の産出した文法事項の例

a)　形容詞＋「です」文（正用）
b)　終助詞「ね」（正用）
c)　程度副詞＋形容詞（正用）
d)　主語＋は＋動詞（正用）
e)　形容詞＋じゃない（誤用）
f)　名詞＋と＋名詞（正用）
g)　存在文（名詞＋が＋ある）
h)　存在文、否定（場所＋に＋名詞＋が＋ない）
i)　アスペクトの過去形「ていた」
j)　名詞接続「と」（誤用）

その点は、ピジンよりも複雑であり、日本語をある程度自然習得することができる環境にいたということが考察できる。以下、産出に関してどのような特徴があるか詳しく考察していく。

例文 8–9 の「すごいじゃない」は明らかに「すごくない」の意味で使われている。すなわち、文法的に不正確と言え、H は「形容詞の否定表現」を使おうとしていることが明らかである。例文 8–10 のアスペクト（正用）は、パラオ語内の日本語借用語「錆びている（sabiter）」というチャンクの語を使用している。例文 8–11 のように、H は調査者が「話していた」というアスペクト表現の過去形で質問しても答えは単なる過去形の「話した」と述べている。ここでは、アスペクト「ている」を使った方が、より自然になる文脈である。つまり、ここでもアスペクトを使っていないことを考えると、チャンクの形式のみでアスペクトが使用されると考えられる。

例文 8–12、8–13 は接続助詞「と」の誤用例である。例文 8–12 では、2 つの助詞を一緒に使う「はと」の使用が見られる。間にポーズが入っているわけではないので、途中で言い直しているわけではない。この「と」を英語の"with"（あるいはこれと似た構文のパラオ語）のつもりで使っているのではないかと考えられる。英語なら、"I was with two Japanese" となるからである。例文 8–13 は「ハワイの大学」というべきところで「と」を使用している。ピジンなどの単純化された接触言語によく見られるパターンは、内容形態素を並べるだけで、機能形態素が抜け落ちている場合が多い。しかし、H の話す日本語には助詞など機能形態素がよく表れている。助詞「と」の使用も、次の例文 8–14 の主題化の助詞「は」の使用も機能形態素の使用である。

8–9.　　R：両親から学んだんですね。すごいですね。

　　　　H：すごいじゃない。

8–10.　H：I feel またな、アンガウルはだめだなぁ。People live は頭ない。

　　　　　少し（skos）錆びてる。

8–11.　R：（アンガウル人は）日本語話していたんですか？

　　　　H：日本は話した。Speaking Japanese.

第 8 章　アンガウル島における準ピジン日本語　93

8–12.　H：Yeah, I go to Hawaii. Then I got to Yap. You know underwater
　　　　diving? 私はと二つ Japanese... 三井 Company, but this company
　　　　subcontract 三井．We build big 波止場，big 波止場 there.
　　　　（私は 2 人の日本人と日本企業に勤めていた。三井の下請け会
　　　　社。）

8–13.　H：Uh. I went to school in Hawaii. 大学とハワイ。ああ、Nineteen
　　　　seventy seven.

8–14.　H：Only the fish, we can take the fish. I hope the... アンガウルは苦
　　　　労だよ。本当苦労。

8.5.3.　母語の影響

　以下では、H の AJ における母語の影響を記述する。全ての語順が間違っ
た語順ではないが、H の発話には、母語の影響による語順の違いが見られ
る（例文 8–15 と 8–16 は 2011 年 3 月 22 日採集）。例文の語順は日本語の
SOV の語順ではなく、パラオ語と同じ SVO の語順になっているので、母語
の干渉と考えられる。また、話者 H の第二言語である英語も SVO なのでそ
の影響も十分に考えられる。

8–15.　R：日本語わかりますか？
　　　　H：私　話す　日本語。（私は日本語話せる。）
8–16.　R：彼は頭が良いですよね。
　　　　H：同じと私。（私と同じ。）

表 8–4　H の産出文の語順対応関係

パラオ語	Ak melekoi a tokoi er a Siabal	Ng di osisiu ngii me ngak
逐語訳	私　話す　言語　の　日本	彼だ　同じ　彼と　私
アンガウル日本語	私　話す　日本語	同じ　と　私
英語	I speak Japanese	Same as me

94

さらに、テンス(時制)にも不自然さが感じられる(例 8–17)。これは、文法的テンスを示すことが義務的ではないパラオ語の影響だと思われる。「電気あるよ」も「電気ない」も昔のことなので、「電気あった」、「電気なかった」と言うところだが、テンスが現在形になっている。この点は、先の例文 8–12 の英語の発話も過去のことに関して *go* が使用されていることを考えると母語の影響が出やすい点だと考えられる。この点は 5 章で考察した青年層日本語話者と共通する点である。

8–17.　H：1957 the last ship left. 1957, when they left, we still have power, a lot of diesel left over. So Angaur was still 24 hours 電気あるよ。Koror was until midnight Angaur was like a city before.(2 分後) Before, only Airai to Koror 電気もあるよ、電気。All Palau は電気ない。

　母語の影響など、中間言語的な特徴は、青年層話者との共通点が見られる。しかし、語順の問題や接続詞「と」の問題など、他のパラオの日本語話者には見られない特徴が見られ、文法の再構成が高度な形で行われていると言える。
　ここまでの考察は以下のようにまとめられる。H は第二言語環境でも学習ではなく、周りからのインプットによって日本語を覚えたため、このような特徴の日本語を話していると言える。

A)　文脈に依存した高度な日本語を理解する
B)　多様な文法事項を使用する
C)　語彙・文法事項に中間言語的特徴が見られる

8.6.　アンガウル日本語の接触言語としての分類

　これまで見てきたようにアンガウル日本語(AJ)は言語体系として不完全

な言語であり、また母語であるパラオ語の影響が見られるということであった。以下では、AJ の使用者が日本語を習得した状況が他の接触変種（中間言語、ピジン、クレオールなど）とどう異なるかを論じる。

　AJ はピジンとの共通点もあるが、重要な違いもある。ここでは、19 世紀の横浜など開港場で使われていたいわゆる横浜ピジンと比べる（カイザー 2005）。両者ともに母語化が起きておらず、使用する話者にとって第二言語に当たる。また、教室で覚えたものではなく、自然習得によるものである（表 8–5 ②）。相違点は、それぞれの言語が話されている地域に母語話者がいたかどうかである。19 世紀の横浜ピジンの場合、上層言語に当たる日本語を母語とする人が当然多く存在した。一方、現在の青・中年層 AJ の使用者が日本語を習得した時代は日本人が島からいなくなっていた。

　加えて、表 8–5 で表れていない違いもある。基本的に取り上げている要因は、接触言語を区別するために必要最低限のものである。横浜ピジンの場合、英語（基層言語）と中国語（基層言語）を母語とする人がいたが、彼ら同士が話すときに日本語を使っていた。典型的なピジンの場合は、こうした基層言語話者同士による「第三者使用」（tertiary usage）が見られる。しかし、アンガウルに住んでいたのは最初（1950 年代）はパラオ人と日本人の 2 グループで「第三者使用」の状況は整っていなかった。1960 年からパラオ人のみになったため、さらにこの状況から遠のいていったのである。

　ピジン以外の類の接触変種（中間言語、クレオールなど）と AJ はどう異なるだろうか。まず、上述のように、AJ の使用者は第一言語ではなくて、あくまでも第二言語である。そして、AJ は日本語母語話者不在の言語環境で習得された。これらの二つの要因だけを考えると、中国やオーストラリアなど世界中に見られる「外国語としての日本語」（JFL）の学習者が話す中間言語と似た状況である（表 8–5 ①と③参照）。しかし、この二つが異なる点は、JFL の場合は、日本語が学習される言語であるのに対し、AJ は自然習得されたものである。

　「JSL の自然習得」の話者は（表 8–5 ④）、AJ と同様に習得された言語である。しかし、JSL とは日本語ネイティブが周りに大勢いる環境（日本国内）で

習得されたものである。「JSL の教室習得」(表 8–5 ⑤)は、使用者にとって第二言語ということだけが共通点であり、JSL の日本語は定義上、母語話者がいる第二言語環境(普通は日本国内)で使われている。

次に台湾の宜蘭クレオールとの違いを考える(表 8–5 ⑥)[6]。AJ のクレオールとの違いは、母語化しているかどうかである。AJ は記述してきたように、母語化されていないので、クレオールと大きく異なる。分類上⑦、⑧、⑨をあげたが、⑦に相当するのは、母語話者の日本語であり、⑧と⑨は理屈として矛盾があるので、実在しないものである。

表 8–5　アンガウル日本語と接触言語変種の比較

	第二言語	外国語環境	自然習得
①アンガウル日本語(準ピジン)	+	+	+
②横浜ピジン(ピジン)	+	−	+
③JFL 中間言語(中間言語)	+	+	−
④JSL 自然習得中間言語(中間言語)	+	−	+
⑤JSL 教室習得中間言語(中間言語)	+		
⑥台湾の宜蘭クレオール(クレオール)	−	+	+
⑦母語話者日本語(非接触言語)	−	−	+
⑧存在しない	−	−	−
⑨存在しない	−	+	−
⑩アフリカーンス語(Afrikaans)型(母語話者型 Creoloid)(準クレオール)	−	+	+
⑪シンガポール英語(Singlish)型(非母語話者型 Creoloid)(準クレオール)	+	+	+

最後に Creoloid(準クレオール)との違いを考えよう。実はこれまでの言語接触論では「準クレオール」という用語を使って二つのかなり違う現象が語られることがあった(Trudgill 2002)。そのため本稿では準クレオールを二種類に分けて考察する。

表 8–5 ⑩と⑪で「アフリカーンス語型」と「シングリッシュ型」の二種類の準クレオールを挙げている。準クレオールと通常のクレオールとの違いは言語構造の再構築(restructuring)の度合いによる。準クレオールは「ある程度」文法が再構築されているが、クレオールほど劇的ではない。⑩と⑥の表上では同じ「−＋＋」になっているが、違いはこの点にある。そういう意味において準クレオールと元の基層言語との相互理解があっても、クレオールの場合にはそれがない。二種類の準クレオールとの大きな違いは母語となっているかどうかである。⑩は第二言語(母語ではない)だが、⑪は第二言語になっている。

⑪のシングリッシュ型の準クレオールは、表だけを考えれば、AJ と同じ分類となる。しかし、二つの言語変種の違いは、言語能力の高さにある。シングリッシュは(主流英語との相互理解の問題は別として)、社会生活の中で高度なコミュニケーションが可能な変種である。一方、AJ はコミュニケーション手段として、非常に制限された言語変種であると言える。戦後日本人労働者が 1950 年代以降もアンガウルに残っている状況があれば、シングリッシュのように発展した可能性も考えられる。つまり AJ は Creoloid(準クレオール)の前段階と考えることができ、Pidginoid(準ピジン)という接触言語の新たな分類を与えるのが適切であると考えられる。

8.7.　まとめ

本章では、数人の話者から得られたデータに基づいて、アンガウル日本語(AJ)の特徴と、他の接触変種との共通点・相違点について考察した。結論は AJ がこれまで注目されてきた類のいずれにも当てはまらないということである。AJ の最大の特徴は、母語話者がいない外国語環境で自然習得された点にある。接触言語の分類から、AJ はシングリッシュ型の準クレオールとの共通点が多く見られるが、当該言語での言語能力という軸で大きく異なり、Pidginoid(準ピジン)という新たな分類の接触言語であると主張した。

注

1 なお、ヤップ語はパラオ語と同系統だが、相互理解があるほど似ていない。

2 アンガウル島の面積は 8 km² で、1947 年当時の人口は 1200 人程度であった。

3 Rechebei & McPhetres(1997: 214)には、日本人がアンガウル島にいたのは 1952 年までと書かれている。しかし、筆者の聞き取り調査では複数のアンガウル島出身者が 1955 年や 1956 年と語っている。歴史学で言う「一次資料」はまさにこうした経験者の証言だと言えるので、本稿でそれらを重視した。また Arnow(1961: 12)などの文献においても日本人が 1955 年までいたと述べている。

4 例文によってはいい加減な相槌をうっているように見える部分があるが、実際に理解していることは話の流れで確認できている。

5 この発話の意図は「昔、今できている飛行場は日本—アンガウル便に対応できる長さの滑走路。アンガウル飛行場の滑走路はアイライ飛行場の滑走路よりも長く、7000 フィートあるが、アイライは 6300 フィートしかない」。つまり、この「飛行機」は「飛行場」の間違いだと思われる。

6 台湾の宜蘭クレオールに関しては、真田・簡(2008)、簡(2011)など参照。

第9章 アンガウル州の公用語としての
日本語

　世界の数ある憲法の中で、日本語が公用語として明確に定められているものは一つしかない。驚くことにそれは日本国憲法ではなく、パラオのアンガウル州の憲法である。本章では、実際に憲法に書かれている文言を調べ、それを日本語に訳すとともに、憲法制定関係者への聞き取り調査を基に信頼性の高い記述を行う。また、その憲法を生み出した歴史的、社会的、言語的背景を考察し、なぜそういう実態が生じたかを検討する。

9.1. パラオ国、及び各州の憲法と公用語

　「パラオで日本語が公用語となっている」という話題は、一般人の間にも関心が高く、インターネットの書き込みなどを中心によく聞かれることがある。しかし、完全に間違っている情報から、誤解を招く情報まで様々な不適切なものがある。アンガウル州憲法の具体的な文言や、その作成に至る歴史的経緯を研究している研究は見られない[1]。

　パラオ共和国のアンガウル州憲法における言語に関する記述は、第12条に見られる。ここでアンガウル州憲法(英語版)の写しを載せる(図9–1)。図9–1の第12条(Article XII)を日本語訳すると表9–1の通りになる。これに見られるように、アンガウル州の公用語(official language)の一つとして日本語が定められていることが明らかである。なお、1項の中の "language of the state"「州の言語」と "official languages"「(州の)公用語」がどう違うかは、明記されていない。

```
CONSTITUTION OF THE STATE OF ANGAUR

expend money for any purpose in excess of the amount of funds for which they were
appropriated.

                              ARTICLE XII

                         GENERAL PROVISIONS
        (A): Official Languages.

        Section 1. The traditional Palauan language, particularly the dialect spoken by the people
of Angaur State, shall be the language of the State of Angaur. Palauan, English and Japanese
shall be the official languages.

        Section 2. The Palauan and English versions of this Constitution shall be equally
authoritative; but in case of conflicts in interpretation or meaning of certain of its provisions, the
English version shall prevail.
```

図 9–1　アンガウル州憲法の写し

表 9–1　アンガウル州憲法　言語に関する条項の日本語訳

> アンガウル州憲法
> 第 12 条
> 一般条項
> （A）：公用語
> 　1 項．パラオの伝統言語、特にアンガウル州民の間で話されている方言をアンガウル州の言語として定める。パラオ語と英語、日本語は公用語とする。
> 　2 項．この憲法のパラオ語版と英語版は等しく権限を持つが、ある条項において訳や意味の不一致が生じたら英語版が優先される。

9.2.　憲法における言語に関する記述

　アンガウル州について考察するために、パラオ共和国全体の状況を把握する必要がある。ここでパラオ共和国にある複数の憲法において言語に関する記述がどのようなものであるかを検討する。パラオには 16 の州があり、それぞれには憲法がある。国家憲法を入れるとパラオには計 17 の憲法がある。以下でアンガウル州憲法以外の 15 の州憲法およびパラオ共和国憲法における言語の記述を概観する。なお、言語に関する記述がまったくない州憲法（Ngaraard, Ngardmau, Ngatpang）があった。パラオのそれぞれの州はパラオ語版以外にも英語版が公開されているので、以下の表 9–2 で英語版から抜粋する。順番は（パラオでよく使われている）北から南への地理的順位である。

表 9-2 パラオ共和国憲法および各州の憲法の言語に関する条項

THE CONSTITUTION OF THE REPUBLIC OF PALAU

ARTICLE XIII
GENERAL PROVISIONS
<u>Section 1.</u> The Palauan traditional languages shall be the national languages. Palauan and English shall be the official languages. The Olbiil Era Kelulau shall determine the appropriate use of each language.

<u>Section 2.</u> The Palauan and English versions of this Constitution shall be equally authoritative; in case of conflict, the ~~English~~ Palauan version shall prevail.

Section 2 was amended by the 2005 Constitutional Convention (ratified November 4, 2012 by referendum) to read "in case of conflict, the Palauan version shall prevail".

CONSTITUTION OF THE STATE OF KAYANGEL
ARTICLE XV
<u>MISCELLANEOUS PROVISIONS</u>
Section 2. This Constitution shall be written in English and Palauan. In case of conflict, the English version shall prevail.

CONSTITUTION OF THE STATE OF NGARCHELONG
ARTICLE XIV
TWO VERSIONS
SECTION 1. PREVAILING VERSION
This Constitution of Ngarchelong State shall be published in both English and Palauan, but in case of conflict the English version shall prevail.

CONSTITUTION OF THE STATE OF NGIWAL
ARTICLE XI
GENERAL PROVISIONS
Section 1. Palauan and English shall be the official languages of Ngiwal State.
Section 2. The Palauan and English versions of this Constitution shall be equally authoritative. In case of conflict the English version, except the Palauan words used in the English version of this Constitution, shall prevail, provided that the traditional interpretation in this Constitution shall not be altered.

CONSTITUTION OF THE STATE OF NGEREMLENGUI
ARTICLE XII
GENERAL PROVISIONS
Section 1. This Constitution of the State of Ngeremlengui is written in Palauan and translated in English. The Palauan and English versions shall be equally authoritative; in case of conflict, the Palauan version shall prevail.

CONSTITUTION OF THE STATE OF MELEKEOK
ARTICLE XII
GENERAL PROVISIONS

Section 1. This Constitution of the State of Melekeok was written in the Palauan language and translated into English. In case of a conflict in the translation between the (2) languages, the Palauan version shall prevail.

CONSTITUTION OF THE STATE OF NGCHESAR
ARTICLE II
GENERAL PROVISIONS

Section 2. This Constitution is in Palauan and English. In case of conflict, the Palauan version shall prevail.

CONSTITUTION OF THE STATE OF AIMELIIK
ARTICLE XI
GENERAL PROVISIONS

Section 1. The Palauan and English versions of this Constitution are equally authoritative; in case of conflict the Palauan version shall be controlling.

CONSTITUTION OF THE STATE OF AIRAI
ARTICLE XII
GENERAL PROVISIONS

Section 3. The Palauan and English versions of this Constitution shall be equally authoritative; in case of conflict, the English version shall prevail.

CONSTITUTION OF THE STATE OF KOROR
ARTICLE X
GENERAL PROVISIONS

Section 1. LANGUAGE. The Palauan and English versions of this Constitution shall be equally authoritative; in case of conflict, the Palauan version shall prevail.

CONSTITUTION OF THE STATE OF PELELIU
ARTICLE XI
GENERAL PROVISIONS

Section 9. The Palauan and English version shall be equally authoritative; in case of conflict, the English version shall prevail.

CONSTITUTION OF THE STATE OF SONSOROL
ARTICLE XI
GENERAL PROVISIONS

Section 1. English and Sonsorolese (the dialect spoken on each island in Sonsorol State) are the official languages of the State. The English and Sonsorolese versions of this Constitution shall be equally authoritative; in case of conflict, the English version shall prevail.

CONSTITUTION OF THE STATE OF HATOHOBEI
ARTICLE XII
GENERAL PROVISIONS

Section 1. Language. The Hatohobei traditional language shall be the official language of the state.
Section 2. Conflict in Language. The Hatohobei and English version of this Constitution shall be equally authoritative, but in case of conflict, the English version shall prevail.

　様々な憲法で言語と関わる記述を3種類に分けることができる。各憲法ではそれぞれの記述の有無を含め、言語に関する記述が異なる。表9-3でその情報を整理する。

(1)「憲法の使用言語」：例えば、カヤンゲル（Kayangel）州憲法には「本憲法は英語およびパラオ語によって記される。」とある。
(2)「優先言語」：アンガウル州憲法では次のように英語が優先されることを明記している。「この憲法のパラオ語版と英語版は等しく成文であるが、ある条項において訳や意味の不一致が生じたら英語の本文が優先される。」
(3)「公用語」：憲法での使用言語の他に公用語を定めているもの。

　Ngaraard 州と Ngatpang 州の憲法には言語に関係する記述は一切ない。Ngardmau 州は多くの州と同様、「第12条　一般条項」が含まれており、そこには第1項～3項まで記されているが、言語に関する記述はそこにも、憲法の他の項にも見られない。なお、記述があったものの原文に関しては、章末の表9-5にまとめている。Ngardmau 州憲法には「憲法の使用言語」に関する記述がないものの、他の多くの州と同様、英語版とパラオ語版の両方が図書館で保管されている。一方、Ngaraard 州憲法および Ngatpang 州の憲法はパラオ語版が見つかっていない。筆者がパラオ共和国最高裁判所にあるシンイチ・イケサケス記念法律図書館（Singichi Ikesakes Law Library）およびパラオ短期大学付属図書館（Palau Community College Library）そしてコロール

表 9-3 パラオの 16 州の憲法に見られる言語の扱い

州	条(項)	憲法の使用言語	優先言語	公用語	承認(裁決)の年月
Palau	13(1, 2)	パラオ語、英語	~~英語~~→パ語	国家語=パラオの様々な伝統言語、公用語=パ語、英語	79.4.2（79.8.21改定）
Kayangel	15(2)	英語、パラオ語	英語	記述無し	83.9.13
Ngarchelong	14(1)	英語、パラオ語	英語	記述無し	82.4.14
Ngaraard	／	言語記述無し、英語版のみか	／	記述無し	82.11.12
Ngardmau	／	言語記述無しだがパラオ語版と英語版がある	／	記述無し	84.10.1
Ngiwal	11(1, 2)	パラオ語、英語	英語	パラオ語、英語	83.4.11
Ngeremlengui	12(1)	パラオ語、英語	パ語	記述無し	83.1.6
Melekeok	12(1)	パラオ語、英語	パ語	記述無し	83.10.30
Ngatpang	／	言語記述無し、英語版のみか	／	記述無し	81.12.27
Ngchesar	2(2)	パラオ語、英語	パ語	記述無し	81.10.13
Aimeliik	11(1)	パラオ語、英語	パ語	記述無し	82.10.31
Airai	12(3)	パラオ語、英語	英語	記述無し	90.2.19
Koror	10(1)	パラオ語、英語	パ語	記述無し	83.4.13
Pelilieu	11(9)	パラオ語、英語	英語	記述無し	82.9.11
Angaur	12(1)	パラオ語、英語	英語	州言語=アンガウル方言、公用語=パ語、英語、日本語	82.10.8
Sonsorol	13(1)	英語、ソンソロール語	英語	英語、ソンソロール語	83.10.10
Hatohobei	12(1, 2)	ハトベイ語、英語	英語	ハトベイ語	83.11.13

州図書館(Koror State Library)の 3 箇所で探しても、英語版しか見つからなかった。

9.3. アンガウル州憲法の社会言語的背景

　1982 年 10 月 8 日にアンガウル州議会に集まった 15 人の議員(男性 13 人、女性 2 人)はアンガウル州憲法に署名した。議会書記および法務顧問の 2 人が証人となった(表 9–4)。当時の年齢は 29〜44 歳であった。

　筆者は憲法の公用語に日本語が含まれた経緯について次の関係者から聞き取りを行った。1982 年の州憲法制定議会の議員を務めた Matias Toshiwo Akitaya(2012 年 7 月 28 日)、同じく議員だった Victorio Uherbelau(2013 年 3 月 20 日)、憲法制定議会の書記を務めた Nicholas Takashi Takami(2013 年 3 月 17 日)、アンガウル小学校図書館長 Sabeth Vereen(2012 年 7 月 28 日)、調査当時に国会議員だった元アンガウル州知事 Horace Rafael(2012 年 7 月 31 日)、アンガウル州知事 Maria Gates-Meltel(2011 年 9 月 19 日)、の 6 人であった。得られた情報を以下のようにまとめることができる。

1.　パラオ語に日本語起源の借用語が多いことはよく知られているが、とりわけ政治、経済、行政などに関する多くのパラオ語は日本語起源のものである。つまり、これらの分野において日本語は必要不可欠であった。

2.　故 Carlos Hiroshi Salii 弁護士(元 EU 大使)によれば「投票権を行使するのに日本語が必要であった」(山上博信の聞き取りによる情報)。1996 年 9 月 24 日の選挙の投票用紙で、候補者の氏名がアルファベットと片仮名の両方で記されていることがわかる(章末、図 9–2)。

3.　州憲法が書かれた時の長老たちは、ほぼ全員日本語が流暢に話せた。憲法の署名は片仮名表記が多い(例として章末、図 9–3 カヤンゲル州憲法を参照)。

4.　前述のようにアンガウル島では戦後育ちの人ですら日本語を少し話せ

る人が複数存在した。

5. アンガウル島は戦後にも日本との強い関係が保たれたため、日本語が使われることもあった。1940 年代なかばから 1950 年代なかばまでの約 10 年間、燐鉱石採掘の産業によって多数の日本人が島で暮らしていた。

6. 1960〜70 年代にも、かつて(戦前・戦後)アンガウルで暮らした経験のある人々を中心に、日本人来島者がいた。

7. 戦前にサイパンの人々がアンガウル島で生活していた(章末　図 9–4 の地図には「サイパン村」が明記されている)。戦後にチュークの人々が労働者としてアンガウルに滞在していた。そのため、戦前・戦後ともに日本語は日本人と話す時に使うものだけではなく、非母語話者同士の共通言語という重要な役割を果たしていた。

　上記の 1, 2, 3 はパラオ全土と共通していた事情であるが、4, 5, 6, 7 はパラオ全体ではなく、アンガウル州だけの特殊な事情であった。

　再び各州の憲法の文言に戻ると、二つの重要な事実がある。まず、それぞれの憲法の文言に共通性があり、同じ雛形を出発点にしたということである(章末、表 9–5)。そして、それぞれの州の文言に相違があることは、各州憲法制定議会でその雛形を丸写しにしたのではなく、自ら修正を加えたということである。

　アンガウル州憲法制定会議の議員であり、署名した 1 人である Victorio Uherbelau によると、決して米国など外国人に憲法を作ってもらったわけではなく、パラオ市民自身が勉強を重ねて自ら作ったようである。国連の援助を受けて、それぞれの州の中堅の市民がミクロネシア連邦など複数の国・地域へ行き、各地の憲法の状況を調べた。アンガウル州憲法を作る際に、他の州やパラオ共和国憲法を丸写しにしたのではなく、地域の事情を考慮して、日本語を公用語にすると判断したのである。

9.4. まとめ

　以上のような情報を得ることができたが、直接憲法制定会議に出席していた人（表9–4）を含め、多数の関係者から話しが聞けたにもかかわらず、日本語を公用語にしたという明確な理由が得られなかった。「いや、なんとなく公用語に日本語を含めた」という消極的な証言しかなかった。つまり、「特別な理由もなかったほどアンガウル島民にとって日本語が身近な存在だった」ということが指摘できる。言い換えれば、憲法制定当時のアンガウル島の環境では、アメリカ統治下での英語使用と同様に日本語使用が自然であり、公用語への選定に特別な理由がないこと自体が大きな理由となっているのである。

表 9–4　アンガウル州憲法の著名者・憲法制定議会の構成員

議長 Andres Uherbelau ＊
副議長 Belerio U. Pedro
三席 Augusto Naruo
議員 Ucherbelau（酋長）Masao Gulibert
　　　Ucherremasech Naoru Ramon ＊
　　　Ucherkemul Tomei Oscar
　　　Renguul Orrenges Thomas
　　　Matias T. Akitaya
　　　Joseph Antipas
　　　Emiko Salii Kaiich ＊
　　　Selina Ramon ＊
　　　Victorio Uherbelau ＊
　　　Elias K. Takeshi ＊
　　　Norbert Blau
　　　Mario Gulibert ＊
議会書記 Nicholas T. Takami（立証人）
法務顧問 Carlos Hiroshi Salii（証人）

（Victorio Uherbelau（2014 年 12 月 8 日私信）によると、アンガウル州憲法立案者 15 人のうち、その時点で健在であるのは表＊のついた 7 人である。）

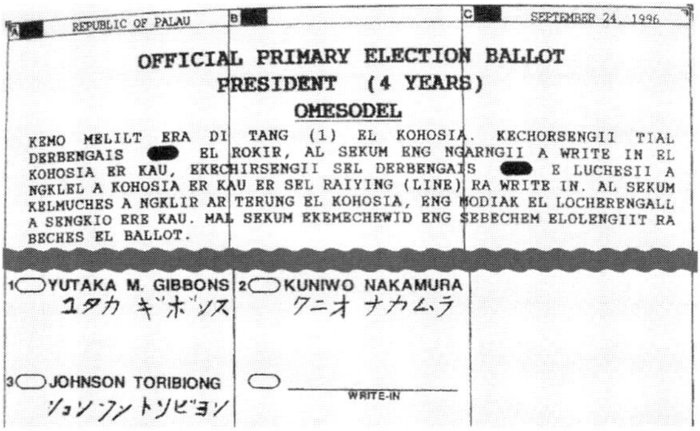
REPUBLIC OF PALAU SEPTEMBER 24, 1996

OFFICIAL PRIMARY ELECTION BALLOT
PRESIDENT (4 YEARS)
OMESODEL

KEMO MELILT ERA DI TANG (1) EL KOHOSIA. KECHORSENGII TIAL DERBENGAIS EL ROKIR, AL SEKUM ENG NGARNGII A WRITE IN EL KOHOSIA ER KAU, EKECHIRSENGII SEL DERBENGAIS E LUCHESII A NGKLEL A KOHOSIA ER KAU ER SEL RAIYING (LINE) RA WRITE IN. AL SEKUM KELMUCHES A NGKLIR AR TERUNG EL KOHOSIA, ENG MODIAK EL LOCHERENGALL A SENGKIO ERE KAU. MAL SEKUM EKEMECHREWID ENG SEBECHEM ELOLENGIIT RA BECHES EL BALLOT.

1 YUTAKA M. GIBBONS ユタカ ギボンス
2 KUNIWO NAKAMURA クニオ ナカムラ
3 JOHNSON TORIBIONG ジョンソン トリビヨン
WRITE-IN

図 9–2　候補者の氏名が片仮名で記されている 1996 年の投票用紙

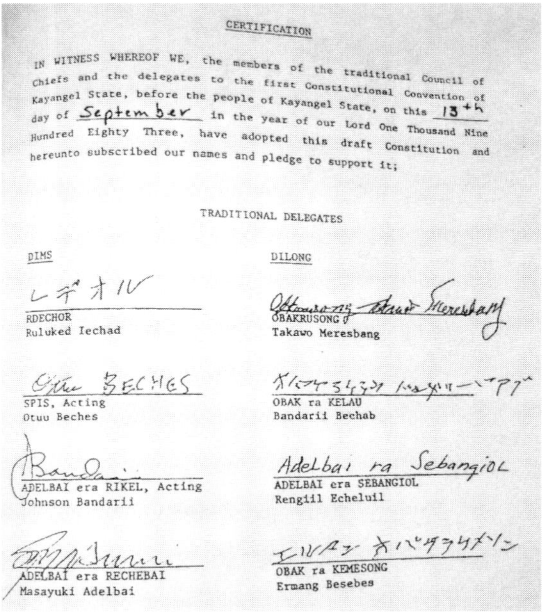
CERTIFICATION

IN WITNESS WHEREOF WE, the members of the traditional Council of Chiefs and the delegates to the first Constitutional Convention of Kayangel State, before the people of Kayangel State, on this 13th day of September in the year of our Lord One Thousand Nine Hundred Eighty Three, have adopted this draft Constitution and hereunto subscribed our names and pledge to support it;

TRADITIONAL DELEGATES

DIMS

レデオル
RDECHOR
Ruluked Iechad

Otuu BECHES
SPIS, Acting
Otuu Beches

Bandarii
ADELBAI era RIKEL, Acting
Johnson Bandarii

ADELBAI era RECHEBAI
Masayuki Adelbai

DILONG

OBAKRUSONG
Takawo Meresbang

OBAK ra KELAU
Bandarii Bechab

Adelbai ra Sebangiol
ADELBAI era SEBANGIOL
Rengiil Echeluil

OBAK ra KEMESONG
Ermang Besebes

図 9–3　カヤンゲル州憲法の片仮名表記による署名

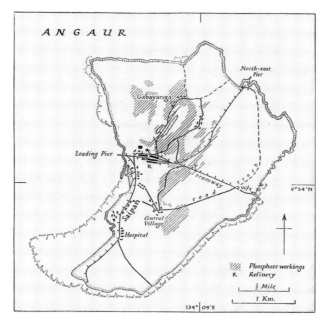

図 9-4 「サイパン村」が記されているアンガウル地図

表 9-5 各憲法の言語関係に関する条項の文言の比較

州(国)	州(国)の言語、公用語に関する記述
Palau	The Palauan traditional languages shall be the national languages. Palauan and English shall be the official languages.
Kayangel	記載なし
Ngarchelong	記載なし
Ngiwal	Palauan and English shall be the official languages of Ngiwal State.
Ngeremlengui	記載なし
Melekeok	記載なし
Ngchesar	記載なし
Aimeliik	記載なし
Airai	記載なし
Koror	記載なし

Peleliu	記載なし
Angaur	The traditional Palauan language, particularly the dialect spoken by the people of Angaur State, shall be the language of the State of Angaur. Palauan, English and Japanese shall be the official languages.
州(国)	憲法の書記言語
Palau	The Palauan and English versions of this Constitution shall be equally authoritative;
Kayangel	This Constitution shall be written in English and Palauan.
Ngarchelong	This Constitution of Ngarchelong State shall be published in both English and Palauan,
Ngiwal	The Palauan and English versions of this Constitution shall be equally authoritative;
Ngeremlengui	This Constitution of the State of Ngeremlengui is written in Palauan and translated in English.
Melekeok	This Constitution of the State of Melekeok was written in the Palauan language and translated into English.
Ngchesar	This Constitution is in Palauan and English.The Palauan and English versions shall be equally authoritative;
Aimeliik	The Palauan and English versions of this Constitution are equally authoritative
Airai	The Palauan and English versions of this Constitution shall be equally authoritative;
Koror	The Palauan and English versions of this Constitution shall be equally authoritative;
Peleliu	The Palauan and English version shall be equally authoritative;
Angaur	The Palauan and English versions of this Constitution shall be equally authoritative;
州(国)	複数の版の優勢性
Palau	in case of conflict, the ~~English~~ Palauan version shall prevail.
Kayangel	in case of conflict, the English version shall prevail.
Ngarchelong	but in case of conflict, the English version shall prevail.

Ngiwal	In case of conflict, the <u>English</u> version, except the Palauan words used in the English version of this Constitution, shall prevail, provided that the traditional interpretation in this Constitution shall not be altered.
Ngeremlengui	in case of conflict, the <u>Palauan</u> version shall prevail
Melekeok	In case of a conflict in the translation between the (2) languages, the <u>Palauan</u> version shall prevail.
Ngchesar	In case of conflict, the <u>Palauan</u> version shall prevail.
Aimeliik	in case of conflict the <u>Palauan</u> version shall be controlling.
Airai	in case of conflict, the <u>English</u> version shall prevail.
Koror	in case of conflict, the <u>Palauan</u> version shall prevail.
Peleliu	in case of conflict, the <u>English</u> version shall prevail.
Angaur	but in case of conflicts in interpretations or meaning of certain of its provisions, the <u>English</u> version shall prevail.

注

1   例外として法学者の山上 (2012) の研究が挙げられる。

第10章 パラオ語における日本語借用語の特徴

　10章から13章までは、パラオ語における日本語借用語の特徴を記述していく。10章でまず特徴を記述し、11章で戦後の使用語彙の変化、12章で音韻変化、13章で他の旧南洋群島の諸語における日本語借用語との比較を行う。

10.1. 日本語借用語の分析観点

　パラオにおける日本語の大きな影響として残存日本語や片仮名の使用、準ピジンの存在などに加え、パラオ語内に大量に取り入れられた日本語借用語が指摘できる。日本統治時代に起こった生活の変化の結果として多くの具体名詞が、近代的な概念を表現するため、また日本語の表現による思考様式が入った結果として抽象名詞や形容詞、動詞が取り入れられた。例えば、*mottainai*（もったいない）、*otsuri*（おつり）は物質文化・貨幣経済が流通した結果として入った借用語である。900語を超える日本語借用語がパラオ語に見られ語彙体系の一部として重要な機能をなしている。戦後70年たった現在、パラオ社会全体の変化や日本語を理解する世代の急激な減少により、使用される日本語借用語の数が減少するとともに、いくつかの借用語の意味や音に変化が起きている。まず本章では、日本語借用語について、その数と収集方法について記述し、その後にその音韻体系及び綴りを記述していく。

10.2. 日本語借用語の収集

　日本統治の中での社会的な変化が大きかったため、多くの日本語借用語が存在する。パラオは南洋庁が置かれたこともあり、ミクロネシアの中でも一番借用語の数が多い言語である。表 10–1 は 1980 年代前後に出版されたハワイ大学の研究プロジェクトの成果として Hawaii University Press から出版された辞書から抽出した、ミクロネシア諸語の日本語借用語の数である。言語毎に収録語数の差や収録の方針なども影響するため、単純な比較はできないが、日本語借用語数がパラオ語で多いことは少なくとも指摘できる。

表 10–1　辞書に見るミクロネシア諸語の日本語借用語の数

言語名	数
Palauan	537
Chamorro	55
Yapese	91
Trukese	244
Ponapean	275
Kusaiean	123
Carolinian	65
Marshallese	76
Woleaian	176
Mokilese	186

　これらの辞書に載っている日本語借用語は、辞書の編纂過程で漏れてしまった語も多い。そこで、インターネット上の資料やその他印刷資料で日本語借用語について言及があるものについて収集を行い、それを辞書編纂の経験を持つ現地の元教育省長 Masaharu Tmodrang に使用の有無を確認した。収集にあたっては Gábor Fabricius（Fabricius 2011）によるブログ記事の 647 語のパラオ語内の日本語借用語リスト、パラオに長期滞在していたアメリカ

人 John Bent を中心として、数十人のパラオ人も作成に関わっているパラオ語のオンライン辞書の中に見られるパラオ語の日本語借用語のリスト（tekinged. com）、さが国際農村女性フォーラムの平成24年度の活動報告書に収録されている日本語借用語のリスト（特定非営利活動法人愛未来（2012））、が大きく参考になった。なお、Fabricius（2011）がどのようにパラオ語の日本語借用語を収集したのかは不明であるが、多くの語が未だに使われていることがわかった。また、上記のパラオ語以外のミクロネシア諸語の中で、複数の言語に確認される日本語借用語の使用の有無も全て確認した。さらに、その他パラオに滞在した JICA の隊員のブログ記事なども参考にした。

　それらの資料を参考にして執筆時点までで、集まった語は派生語も一語と考えて、Josephs（1990）の辞書の537語を含め、974語である。Josephs（1990）に記載がある日本語借用語の537語の中で使われなくなった語も多数存在するため、実際使用されている語は974語よりも少ない。なお、借用語のリストは巻末にまとめて提示してある。11章以降の調査の語彙に数の差異があるのは、借用語は現在も収集中で、増え続けているからである。

10.3.　言語景観に見る日本語借用語の定着

　日本語借用語がパラオに定着している様子は、広く公共に向けて発信される看板などでの書き言葉の言語使用、言語景観からわかる。特に、食べ物関連の日本語借用語の看板表記がよく目につく。どの言語も食べ物の固有名詞に対して、借用先の言語に翻訳をするのは多くの手間がかかるため、そのまま借用されるケースが圧倒的に多い。日本語のハンバーガーやフライドチキンの例を考えてもそのことがわかる。

　図10–1, 10–2 はそれぞれ *abrabang*（*chabrabang*）, *karingtong* の写真である。油パンは日本国内で見ることはほとんどなくなった。インターネットで調べると秋田名物のB級グルメとして紹介されている物が多い。かりんとうも、自家製のものは少なくなり、国内で見るのは既成のパッケージされたものが

ほとんどであろう。しかしパラオでは自家製のかりんとうが多くの小売店で扱われている。また図10-3のようにあられ菓子は、今でも人気があるために売り場のコーナーと表記を作るほどである。戦後にアメリカの食生活の影響を大きく受ける中でも、日本の食生活が残り、それが借用語とともに店に表れている。

図10-1　abrabang（揚げたあんドーナツ）

図10-2　自家製のkaringtong

第 10 章　パラオ語における日本語借用語の特徴　117

図 10-3　スーパーの売り場表記における arare

　また、レストランの中でも日本語借用語の表記が多く見られる（例、図 10-4, 10-5）。レストランで出す物がアメリカや移民が多いフィリピンの影響を受けているためメニューは基本的には英語で書かれている。その中で日本語の「うどん」や「菜っ葉」などはパラオ人にとって馴染みがあるものであるため、英語に翻訳されることなく、そのまま日本語借用語が使われる。

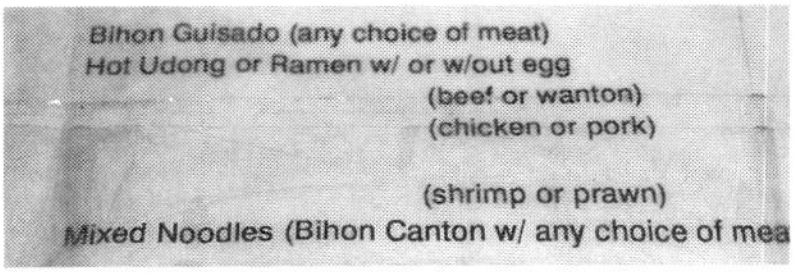

図 10-4　レストランメニューの udong 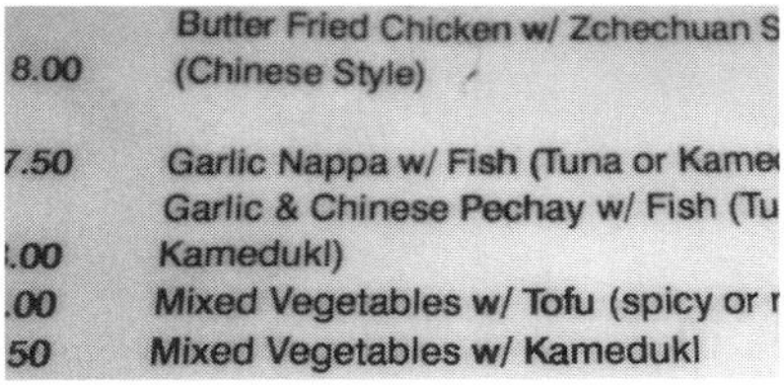　　図 10-5　レストランメニューの nappa

　言語景観の中で日本語借用語が目立つものは、食の他に選挙関連がある。パラオの国民総人口は 2 万人に満たないが、その中の政治家の割合が多い[1]。パラオに民主主義が実現したのはアメリカ信託統治時代であるが、パラオ語における関連用語は英語ではなく、日本語借用語である。アメリカ時代の有力者は皆、戦前の日本語教育を受けた人々だったことが理由である。
　現在でも *sengkyo*（図 10-6）が「選挙」ではなく、「投票」の意味で使われる。Masaharu Tmodrang（2013 年 3 月私信）の話によると、最初に国民が投票できる選挙は 1981 年であったが、日本時代からパラオ人が通う公学校に

おいても学生会長などの選挙が行われていたため、それらの単語は使われていたと述べている。図 10–6 右の図で "Candidate of the Common People" すなわち「庶民の候補者」という英語に対応しているのは *Kohosia er a re Hutsu el Chad* というパラオ語である。*Hutsu* は日本語の「普通」で *Chad* はパラオ語で「人」である。

図 10–6　選挙ポスターにおける日本語借用語

10.4. 日本語借用語の音韻及び綴り

次に日本語借用語の音韻及び、綴りを記述する。現行の正書法である Josephs（1990）をもとにパラオ語の正書法で使われる文字を提示し、日本語借用語の音韻及び綴りを記述していく。その後ゆれがある点について指摘していく。

10.4.1. 母音の音韻及び綴り

まず、母音に関して、パラオ語は日本語の 5 母音に中舌母音を加えた 6 母音である。日本語借用語のほとんどがそのままの母音を保持する。日本語において母音が無声化する傾向がある無声子音に挟まれた /u/, /i/ はパラオ語に入る中で失われる（例 10–1）。その他日本語では無声化が起こらない音

環境の /u/, /i/ に関しても失われるものがある。特に語末の /u/ が子音の後に
来る場合は関しては、一部例外を除きほとんどの場合が失われる(例 10–2,
10–3, 10–4)。例外は形態素として独立しているもの、2 音節のものである
(例 10–5, 10–6)。子音の後に来る語末の /i/ に関しては失われる場合とそう
でない場合が見られる(例 10–7, 10–8)。例 10–8 に関しては、*taus* は動詞、
tausi は名詞として機能の棲み分けをしている。

10–1. *dostemo* ［dostɛmo］ どうしても

10–2. *daigak* ［daigak］ 大学

10–3. *haitats* ［haitats］ 配達

10–4. *otsir* ［otsir］ 落ちる

10–5. *bozu* ［bozu］ 坊主

10–6. *itsibu* ［itsibu］ 一部

10–7. *chumebos* ［ʔumɛbos］ 梅干し

10–8. *tauas/tauasi* ［tawas］［tawasi］ たわし

日本語、パラオ語ともに(パラオ語の /a/ を除き)母音の長短の区別が存在
する。しかし、パラオ語の長母音は渡り音として表れる(例：*ngii* ＝［ŋiy］,
deel ＝［ðiyl］)。そのためか、日本語借用語の長母音は失われることが多い。
例 10–9, 10–10, 10–11, 10–12 に見られるように /a/, /e/, /i/, /o/, /u/ で全て長母
音が失われている。例外として /i/ のみに長母音が保持されている。しかし
後に考察するように /i/ の長短の区別も失われてきている。

10–9. *oeng* ［oɛng］ 応援

10–10. *keburuka* ［kɛbruka］ ケーブルカー

10–11. *hutsu* ［ɸutsu］ 普通

10–12. *choisii* ［ʔoisii］ 美味しい

また半母音［y］,［w］は、Josephs(1990)は音素として認めていないため、

「やゆよ」は ia, iu, io と綴られる。なお、現正書法の制定前には y, w の使用が認められており、それに対する反発も根強く見られる。

10.4.2.　子音の音韻及び綴り

　母音に関しては、音韻体系の相違が比較的少ないため、大きな変化もなく、綴られる。子音に関しては相違も大きく、様々な変化が見られる。表10–2 はパラオ語で使用される子音の文字である。正書法は一音素一文字（one phoneme, one grapheme）の原則で作成されている。日本語借用語を含む外来語の場合はパラオ語に入る中で、その音韻規則に組み込まれる形で音韻変化を起こすと同時に、新たな音素を作成する。/z/, /ts/, /n/, /p/, /h/, /f/ が新規に作成された。以下 Josephs（1990）からそれらの綴りについてまとめる。

表 10–2　パラオ語における子音の綴りのルール

パラオ語固有音素	b, t, d, k, ch, s, m, ng, l, r
外来音素	f, h, n, p, z

　日本語借用語が母音で始まる場合には、声門閉鎖音［ʔ］が付加され、通常 *ch* で綴られる（例 10–13）。語頭の声門閉鎖音は、単独で発音される場合は必ず発音されるが、語によっては前に来る語の語末音と語頭の母音が連結し声門閉鎖音が消失することがある。その場合は ch なしで綴られる（例 10–15, 10–16）。

　文中で語頭の［ʔ］が付加されない日本語借用語の例は、/o/ で始まる語のみであった（例 10–17）。語頭の母音が連母音である場合や、半母音が後続する場合は、同様に文中で語頭の［ʔ］が付加されない（例 10–19）。

10–13.　*chad*　　　［ʔað］　　　人

10–14.　*ng chad*　［ŋʔað］　　　これは人だ

10–15.　*oles*　　　［ʔolɛs］　　　ナイフ

10–16.　*ng oles*　［ŋolɛs］　　　これはナイフだ

10–17.　*osime*　　［ʔosime］　　おしめ

10–18.　*chundo*　　［ʔundo］　　運動

10–19.　*iuasi*　　［iwasi］　　イワシ

　パラオ語の両唇破裂音は清濁の対応がなく、相補分布の形で［p］,［b］が表れる（例 10–20, 10–21, 20–22）。後続に母音及び /l/ が来る場合は、有声音［b］が表れる。後続にその他の子音、また語末の /b/ は無声音［p］として表れる。日本語借用語も多くがこの規則に従う（例 10–23, 10–24）。同時に、日本語借用語の場合、この規則に従わず、母音の前で無声音［p］が表れる場合がある。つまり新たに音素 /p/ が作成されたと考えられ、この場合には p で綴る（例 10–25）。

10–20.　*blai*　　　　［blay］　　家

10–21.　*bung*　　　　［buŋ］　　花

10–22.　*btuch*　　　 ［ptuʔ］　　星

10–23.　*daiziob*　　 ［daiʤop］　大丈夫

10–24.　*nappa*　　　 ［nappa］　　白菜

10–25.　*patsingko*　 ［patsiŋgo］　パチンコ

　パラオ語における鼻音は軟口蓋鼻音［ŋ］と歯茎鼻音［n］であり、これも相補分布を見せる。それらは全て "ng" で綴られ、後続音が /s/, /d/, /r/, /t/, /n/ である場合は歯茎鼻音が表れ、その他の音の場合は軟口蓋鼻音が表れる（例 10–26, 10–27, 10–28）。日本語借用語はそのような音韻規則に関係なく［n］が表れる場合がある。そのように軟口蓋鼻音［n］かそれに近い音が表れる場合は n で綴られる（例 10–29, 10–30, 10–31）。それらの綴りの例は以下のように示される。

10–26.　*iungs*　　［yuns］　　島

10–27.　*bung*　　［buŋ］　　花

10–28. *ngor* ［ŋaw］ 口

10–29. *sensei* ［sənsɛy］ 先生

10–30. *zubong* ［zuboŋ］ ズボン

10–31. *nas* ［nas］ 茄子

　パラオ語における硬口蓋破裂音は、清濁の区別がなく、一つの音素 /k/ に ［k］と［g］が相補分布の形で表れる（例 10–32, 10–33, 10–34）。語頭、語末 で無声音が表れ、語中で有声音として表れる。日本語借用語も同様にカ行 音、ガ行音は k で綴られ、［k］［g］が使用される（例 10–35, 10–36）。ただ し、ガ行音が語中に表れる場合は、音素 /k/ ではなく、/ng/ に統合され、 ［ŋ］で発音されることもある（例 10–37）。これには規範であった東京語で語 中のガ行音が［ŋ］が表れていたことが原因であると考えられる。

10–32. *rekas* ［rəgas］ 蚊

10–33. *ker* ［kɛr］ 質問

10–34. *brak* ［prak］ タロイモ

10–35. *komi* ［komi］ ゴミ

10–36. *keskomu* ［kesgomu］ 消しゴム

10–37. *nangas* ［naŋas］ 流し

　つまり、日本語のカ行音とガ行音はパラオ語の /k/、ガ行音と「ン」はパ ラオ語の /ng/ に重なる。下記の表 10–3 はそれらの音韻対応と実際の音声を 整理して示したものである。

　日本語の音素 /h/ と /z/ はパラオ語に入る過程で（/h/ に関してはスペイン 語の影響も考えられる）、新たに作成された音素である。/h/ はそのまま保 持されるが、一部音素として確立される前に入った語は別の音素に統合され た語も見られる（例 10–38, 10–39）。/z/ に関しては、新たに作成されたが不 完全であり、ゆれが見られる（例 10–40）。この点に関しては 12 章で深く考 察する。

第 10 章　パラオ語における日本語借用語の特徴　123

表 10-3　日本語借用語の音韻対応

日本語の音	パラオ語の音	借用語の例
/k/（語頭）	音素 /k/ 音声 ［k］	Jp. *kōhosha* > Pal. *kohosia*
/g/（語頭）	音素 /k/ 音声 ［k］	Jp. *gomi* > Pal. *komi*
/k/（語中）	音素 /k/ 音声 ［g］	Jp. *rinkō* > Pal. *ringko*（燐鉱）
/g/（語中） ［g］/［ŋ］	音素 /k/ 音声 ［g］	Jp. *keshigomu* > Pal. *keskomu*
/g/（語中） ［g］/［ŋ］	音素 /ng/ 音声 ［ŋ］	Jp. *ringo* > Pal. *ringngo*（林檎）
音素 /n/ 音声 ［ŋ］	音素 /ng/ 音声 ［ŋ］	Jp. *ringo* > Pal. *ringngo*
音素 /n/ 音声 ［n］	音素 /n/（追加） 音声 ［n］	Jp. *nasu* > Pal. *nas*

10–38.　*heia*　　　［hɛja］　　　　　　　部屋

10–39.　*skoki*　　　［sgogi］　　　　　　飛行機

10–40.　*zubong*　［zuboŋ］/subong ［suboŋ］　ズボン

日本語の音素 /ʃ/ はパラオ語に入るときに、音声としては保持されるが、音素としては認められていないため、si で綴られる（例 10–41, 10–42）。

10–41.　*siobai*　　［ʃobai］　　商売

10–42.　*kohosia*　［kohoʃa］　候補者

10.4.3.　子音音素の新規作成と表記のゆれ

　現在のパラオ語の正書法は、1972 年に Lewis Joesphs を中心とした Palau Orthography Committee（パラオ正書法審議会）により作成され、現在まで使用されている。しかし、古い正書法に慣れた民間人を中心に新しい正書法へ

の反発があり、2009年に政府により発足したPalau Language Commission
(パラオ語審議会)が、その妥当性の検証を行った。その結果、現行の正書法
は継続して使用されることが決定された。日本語借用語の綴りも当然それに
従うことになるが混乱も少なくない。また、前述のようにJosephs(1990)に
記載されていない語も多く、それらの語にも綴りはゆれが見られる。

　まず、z, j, h, fの使用に関してはゆれが見られる。その原因として、現行
の正書法の記述自体にも問題が認められる。最初に正書法が記述された
Palau Orthography Committee(1972)と、現行の正書法として頻繁に依拠さ
れるJosephs(1990)には次のような記述が見られる(日本語訳を直後に記載し
ている)。

> If the word is borrowed from Japanese and contains no sounds strange to
> Palauan, it should be possible to spell this word only with Palauan letters, as
> for basio 'place' and iasai 'vegetables'. If, however, the Japanese word con-
> tains sounds which do not occur in Palauan, then it is necessary to use
> non-Palauan letters such <u>as j, and f</u>. Words of this type include <u>daijob 'all
> right', skojo 'airport', futsu 'common, usual'</u>, and keizai 'economics'.
>
> 　　　　　　　　　(Palau Orthography Committee 1972: 17 下線を追加)

> If, however, the Japanese word contains sounds which do not occur in
> Palauan, then it is necessary to use non-Palauan letters such as <u>z [z] and h</u>
> <u>[h]</u>. Words of this type are <u>daiziob 'all right', skozio 'airport'</u>, benzio 'toilet',
> <u>hutsu 'common, usual'</u>, kohi 'coffee', and keizai 'economics'.
>
> 　　　　　　　　　　　　　(Josephs 1990: xlvii-xlviii 下線を追加)

　もし借用語が日本語起源でパラオ語の音と著しく異なる音がなければ、
パラオ語固有の綴りを使うことができるだろう(例えばbasio 場所, iasai
野菜)。もし日本語借用語がパラオ語に起こらない音を持つ場合はパラ
オ語固有でない綴り、jやfを使う。このような語は、*daijob*(大丈夫),

skojo（飛行場），_futsu_（普通），_keizai_（経済）などである。

（Palau Orthography Committee 1972: 17 今村訳）

　もし日本語借用語がパラオ語にない音を持つ場合はパラオ語固有でない綴りを使う（例えば z［z］や h［h］）。このような語の例は、_daiziob_（大丈夫），_skozio_（飛行場），benzio（トイレ），_hutsu_（普通），_kohi_（コーヒー），_keizai_（経済）である。　　　　　　（Josephs 1990: xlvii-xlviii 今村訳）

　上記の引用中の下線部に確認できるように、同一の日本語借用語に二つの綴りの例が見られる（daijob/daiziob, skojo/skozio, futsu/hutsu）。これらの変更に関しては Josephs（1990）などで全くその理由の変更の記述が見られない。恐らく j, f に関して Josephs が［ʥ］,［ɸ］を独立した音素として認めないという結論に至り、1 音素 1 文字の原則を守るために、使用しないことに決めたのではないかと考えられる。

　は行音の日本語の音韻規則は「ハ ＝［h］、ヒ ＝［ç］、フ ＝［ɸ］、ヘ ＝［h］、ホ ＝［h］」である。パラオ語に日本語借用語が入る中でもその音韻規則は保持される。音韻的には一つの音素として /h/ が存在するが、Josephs が準拠する日本語のローマ字書きであるヘボン式では ha, hi, fu, he, ho である。おそらく、この表記から、1972 年の時点で h, f の両方の表記を認め、その後 1990 年の時点では、1 音素 1 文字の原則に従い、h のみの使用に変更したのだろう。

　しかし、英語借用語は両方が音素であると認められ、h, f の両方の綴りが採用されている。結果として、パラオ人は、日本語借用語でも h と f の両方が使用している。Josephs（1990）に収録されていない二つの語 fkas, futong は、f で綴られることを確認している。また、そのような矛盾から、同じ音であっても異なる綴りが観察される（例 10–43, 10–44）。

10–43.　_huto_　［ɸuto］　封筒
10–44.　_fkas_　［ɸkas］　蒸す

Josephs(1990)の中でゆれが見られる j と z に関しても、二つの異なる綴りが観察される。図 10-7 のように、*benjo* に j が使用されている。同時に、*siashing* のように /s/ にも sh の綴りが使用されていることも確認される。

図 10-7　日本語借用語の綴りのゆれ（sh, j）

　さらには、新たに作成された音素 /ng/ の表記にも正書法に沿わないものも見られる。図 10-8 は歌集の写真であり、パラオ人 Ymesei O. Ezekiel が作曲した曲のタイトルに *engsok* という語が見られる。パラオ語固有の語には実際の音声が［n］の場合でも ng で表記されるが、日本語借用語の場合は /n/ が音素として認められるため、［n］が表出する場合は綴りも n になる。1 音素 1 文字の原則を厳守使用するために起きている混乱であると言える。

図 10-8　日本語借用語の綴りのゆれ（n）

また、揚げドーナツを示す、*tama* という語に表記のゆれが見られる（図10–9）。通常 *tama* で綴られるが、*tamma* という綴りが見られる。

図 10–9　日本語借用語の綴りのゆれ（二重子音）

以上のように現行の正書法が確立されてから日が浅く、まだ完全に浸透していない。また、1音素1文字の原則は日本語借用語、英語借用語を多く含むパラオ語では混乱が起こる。そのために、様々なゆれも確認されるのである。

10.5.　日本語借用語の意味変化

日本語借用語がパラオ語に入るときに意味の変化が起こる。その変化は、①日本語借用語が多義語の場合、その一つの意味だけが入る場合の「意味縮小」、②日本語借用語が入った後に意味範疇が拡大する「意味拡大」③借用され始めた時に正しい意味で借用されなかったか、意味拡大の過程で元の意味が失われたかで起こる「意味推移」の三つのタイプが見られる。

表 10–4 は意味変化の例を示す。*tane, katai* は意味縮小の例である。それぞれ「食用の種」「性格が堅い」という意味のみで使用される。パラオ語で一般の植物の種子を表すのは *chius* であるため、そこに新しい語は論理的には必要がないため、*tane* は食用の種のみを指すようになったと言える。同様に物が硬いことを示す語は *medecherecher* であり、ここにも新しい語が必要ない。そのため性格が堅い場合を指すときのみに、*katai* が使われるようになったのだろう。

haikiu は意味拡張の例である。政府など団体から個人に配られるものを
haikiu と呼び、日本語と同じ意味である。同時に個人が周りの人に自分の持
ち物を分け与える場合も *haikiu* と言う。行為者が個人か団体かという制約が
なくなり、同一の行為で関連して意味を拡張しているのである。

budo は意味推移の例である。見た目の類似性と、パラオに葡萄がなかっ
たことから、南洋桜の実がそのように呼ばれるようになった。

このような日本語借用語の意味変化の例は多々見られる。一度日本語の規
範を離れたら、パラオ語で必要な意味で自由に変化を遂げていくのである。
他にどのような例があるかは巻末の付録の借用語リストを参照されたい。

表 10-4　日本語借用語の意味変化の例

パラオ語	日本語	意味
tane	種	食用の種
katai	堅い	性格が堅い
haikiu	配給	配給、配給する、（周りの人に）分け与える
budo	葡萄	南洋桜の実

10.6.　日本語借用語の文法的機能の変化

日本語借用語がパラオ語に入る過程で意味範疇と同様に（時に同時に）、文
法的な範疇が変わることがある。以下表 10-5 でその例を示す[2]。

Baras は大きな意味変化が伴って品詞が変化していると言える[3]。*bongai,*
haeri, tada は、日本語では「する」「だ」がつくことで、動詞、名詞述語とな
る。パラオ語に借用語として入る時に、そのような形態素が抜け落ち、結果
として品詞が変化していると言える。

表 10–5　日本語借用語の品詞変化の例

日本語	品詞	パラオ語	品詞	意味
ばらす	動詞	*baras*	名詞	砂利
妨害	名詞	*bongai*	動詞	干渉する
流行り	名詞	*haeri*	形容詞	流行っている
ただ	名詞	*tada*	形容詞	無料だ

　また、日本語借用語にパラオ語の形態素が付き、品詞が変わる例も見られる。そのような例を表 10–6 で示す。「〜する」という意味を示す ou は汎用性が高い。*ouhanahuda* の他にも、動詞化された語は多く存在する。また「互いに〜しあう」という意味の *kau* がつき、*kaumondai* のような動詞も見られる。*che* は形態素として独立したものは見られないが、*simer* から派生して「ドア」の意味になっている。なお、「閉める」から入った *simer* は多くの派生語が見られる。ドアという概念がなかったため、新しく多くの語が派生する必要があったと考えられる。また、状態を表す形態素 kle が *koias*（肥やし）についた、*kloias* という派生語も見られる。

表 10–6　パラオ語の形態素による日本語借用語の品詞変化の例

日本語	品詞	パラオ語	品詞	意味
花札	名詞	*ouhanahuda*	動詞	花札をする
問題	名詞	*kaumondai*	動詞	口論する
閉める	動詞	*chesimer*	名詞	ドア
肥やし	名詞	*kloias*	形容詞	肥やされている

10.7.　まとめ

　本章ではパラオ語における日本語借用語の特徴を記述してきた。様々なソースから収集した日本語借用語は 1,000 語弱であり、パラオ語の重要な一部をなしている。日本語借用語はパラオ語に入る過程で音韻・意味・文法の

観点から様々な変化を遂げている。その点からもいかに日本語借用語がパラオ語の一部として深く根付いているかがわかる。

注

1 大統領、副大統領はもちろんのこと国会の上院議員、下院議員が存在する。さらに、国家レベル以外にもパラオの 16 州それぞれに知事と州議会議員がいる。

2 パラオの公式の文法書である Josephs（1975）では、形容詞や副詞の存在を認めておらず、それぞれ状態動詞と修飾語（Modifier）とされる。しかしパラオ政府の言語機関である Palau Language Comission の借用語辞書（Palau Language Commission 2016）では、それぞれの語の分類に副詞、形容詞を使用している。本稿では、便宜上 Josephs が状態動詞として扱うものを形容詞、修飾語として扱うものを副詞として記述していく。

3 コンクリートを粉砕して（ばらして）、作成していることから転じたと考えられる。

第 11 章　日本語借用語の使用変化

　本章ではパラオ語における日本語借用語の使用の世代変化を記述するものである。前章までに考察してきたように、日本語借用語はパラオ語に入る過程で、大きく変化したものも見られる。しかし、同時に日本統治が終わって 70 年以上経ち、日本語話者の数も激減しており、借用元の日本語を知らない者が大多数である。その影響で日本語借用語の使用に大きな変化が生じている。本章では異なる世代のパラオ語話者に対して日本語借用語の使用状況とその意味用法を調べることで、戦後の日本語借用語の変化を記述する。

11.1.　調査概要

　調査は語彙リストを作成の上、現地の話者に対面式で使用状況の聞き取り調査を行った(2015 年 3 月実施)。Josephs(1990)とブログ記事の Fabricus (2011)を主に、調査時までに見つかった語、全 900 語程度の借用語リストを作成した[1]。約 900 語の語彙リストを「使用する」「使用しないが聞く」「使用しないし聞かない」の三つの選択肢で 6 人の話者に回答してもらった。被調査者は、JJ、KA、JMS(いずれも 1995 年生まれ、大学生)、HK (1983 年生まれ、一般職員)、AH(1969 年生まれ、公的機関職員)、JM(1956 年生まれ、公的機関職員)である。調査票を被調査者に渡した上で、一つずつ借用語の使用状況の確認を行った。単語だけでは理解できない場合があるため、わからない場合は英語の意味を説明し確認した。JMS と KA は話者の都合により、調査者が聞き取りをせずに調査票に直接書き込む形で行い、

適宜、筆者に確認してもらうようにした。調査時間は JMS と KA は 90 分程度、JJ、AH、HK、JM は 3 時間程度であった。以下調査の結果を記述する。なお分析時は JMS、KA、JJ を若年層と扱い、その他の話者を青・中年層として扱う。

11.2. 話者別の日本語借用語使用語数の変遷

まず、図 11–1 のように調査結果を話者別の回答数から示す。「使用する」の回答数を(日本語借用語の)使用語彙、「使用する」と「使用しないが聞く」の総数を(日本語借用語の)理解語彙とすると、年齢が高いほど使用語彙、理解語彙ともに多いことがわかる[2]。若年層話者 JJ の使用語彙が 320 であるのに対して、中年層話者 JM の使用語彙は 623 で、倍に近い。

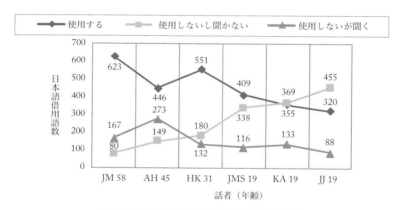

図 11–1　話者別の日本語借用語使用状況

世代差は、単純に年齢による話者の語彙量の違いと、英語借用語の影響による日本語借用語の衰退が原因であると考えられる。若年層の話者の語彙量は青・中年層の語彙量より当然少なく、単純に未習得の日本語借用語が存在する。例えば、*hutsu*(普通)、*keizai*(経済)は選挙ポスターで使用が確認され、*hangkets*(判決)、*iuatas*(言い渡す)、などは法廷用語として使用されてい

ると聞くが、若年層話者 JJ、KA、JMS は「使用しないし聞かない」もしく
は「使用しないが聞く」であった。また、英語化が進むことによる語彙の差
も見られる。たとえば、*iosang*(予算)、*chundongutsu*(運動靴)、*chude*(腕)、
kori(氷)などは若年層の間で英語になり、それぞれ *budget, shoes, muscle, ice* に
置き換わっているようである[3]。これらの日本語借用語は青・中年層の
JM、AH が使用語彙であるのに対し、若年層 JJ、JMS、KA は理解語彙でさ
えない。青・中年層が「高・老年層の話者に対しては使う」と述べていた語
が多々あり、現在使用されていても日本語を理解する世代とともに失われて
いく語もあると考えられる。一方、若年層が使用する語で青・中年層の一部
が使用しない語も少なからず見られる。日本語借用語の使用は家庭毎に異な
り、年齢に関係なく使用語彙に差が出るようである。

　若年層の間で、「使用する」と「使用しないが聞く」の回答を理解語彙と
し、JJ、KA、JMS の理解語彙の一致度を調べた(表 11-1)。一方が理解・使
用して、もう一方が理解しない日本語借用語は約 4 分の 1 である。日常的
に見聞きする語に差があるために日本語借用語の認知も個人差が大きいもの
だと考えられる。

表 11-1　若年層話者の日本語借用語の理解語彙の一致度

	理解語彙の一致度
JJ と KA	74.1%
JJ と JMS	69.5%
KA と JMS	75.6%

　なお、私立高校出身の話者(JJ)と公立高校出身の話者(JMS と KA)では借
用語の使用数・理解数が異なる。私立高校出身である JJ は使用語彙が 320
であるのに対し、公立高校出身の JMS、KA の使用語彙は 355、409 であ
る。またそれぞれの理解語彙は 408、488、525 である。私立校に通う学生
は学校内、家庭内で英語使用が進んでいることもあり、パラオ語の語彙自体
が少ないことが一つの原因であると考えられる。また、英語使用が多いほど

パラオ語の中に英語借用語を使用すると考えられ、それに比例して日本語借用語の使用が少なくなると考えられる。

11.3.　カテゴリ別に見る日本語借用語の維持状況

　次に、由井（1999a, 1999b, 2000a, 2000b, 2001）を参考に、日本語借用語の維持状況をカテゴリ別に分けて考察する。由井（前掲）は大分類をした後、小分類をして表にまとめているため、大分類に従うと、どうしても失われてしまう情報がある。そのため、本研究のカテゴリ分けは、由井の大分類に大まかには従うが、差異が重要な分類を細分類化したり、逆に分類をまとめたりするなど変更を加えている。複数のカテゴリに入る可能性がある語もあるが、一番適当だと思われるカテゴリに入れて分析をする。

　表 11–2 にそれぞれのカテゴリ分けとそこに属する借用語の数と、使用数、理解数をもとにした点数の平均点をまとめる。点数は、話者の回答が「使用する」であれば 2 点、「使用しないが聞く」であれば 1 点、「使用しない」であれば 0 点を付与し、6 人の話者の回答を合計して、各語に点数をつけた（つまり、最低 0 点、最高 12 点）。その後カテゴリ別の平均を出した。

　全体として、際立って維持率が低いのが、「学校」「戦争」「その他物質」である。学校教育は日本統治からアメリカ統治に移行することで、教育内容も大きく変わったため、学校関係の用語が使用されなくなるのは当然とも言える。また、戦争に関する語は、日常的に見ないものが多く、また普段話すようなことでもないため、維持率が低い。その他の物質は、カテゴリに入らないアルミニウム *charuminium* など、日常的に使用することが少ないものであることから維持率が低いと考えられる。逆に住居、食生活、遊び・娯楽など、日常的で多くの話者になじみがあると考えられる分野では維持率が高い。動物のカテゴリで維持率が高い理由の詳細はわからない。他のカテゴリは語によって維持状況が違うようである。以下でカテゴリ毎に各語の使用状況を詳細に考察していく。

第 11 章　日本語借用語の使用変化　135

表 11–2　カテゴリ別の日本語借用語の維持状況

カテゴリ	n	AVG.(Min.=0 Max.=12)	カテゴリ	n	AVG.(Min.=0 Max.=12)
動物	20	8.45	土木・建築	32	7.91
植物・自然	25	6.44	乗り物	25	7.52
場所・地名	18	6.5	通信	11	7.36
住居	23	9.74	戦争	11	4.36
生活用品	60	8.13	司法・行政	13	5.46
食品・食生活	87	8.28	宗教・伝説	3	7.67
学校	21	4.1	人物評価	33	6.94
運動・スポーツ	15	7.8	その他物質	8	3.88
遊び・娯楽	35	9.03	概念名詞	125	6.58
農業・漁業	20	7.35	その他動詞	81	7.5
商業・経済	32	7.22	その他形容詞	37	7.86
身体	16	6.19	副詞	9	7.86
医療・衛生	35	6.57	表現	13	8.54
服飾・美容	47	6.91	全体平均スコア		7.12

11.3.1.　動物

　動物に関する語彙で定着しているのは、ほとんどがパラオに見られる動物である。日本統治前後に持ち込まれた動物は日本語借用語が使用されることは容易に理解できるが、パラオにもともと存在していた動物に日本語借用語が使用される理由は今後解明していかなければならない。ウサギ *chusagi*、泥棒蜂 *derobohats*、蜂 *hats*、カナリア *kanaria*、カタツムリ *katatsumuri*、クジラ *kuzira*、鹿 *ska*、ヤッコちゃん *iakkotsiang*、熊 *kuma*、がほとんどの話者に使用されている。貝 *kai* も使用者が多い。ゴリラ *korira*、鷲 *uasi*、狸 *tanuki*、蝶々 *tsiotsio*、燕 *tsubame*、剥製 *hakse* は若年層の使用や認知度が低くなる。狼 *okami*、虎 *tora* は、認知はされるがほとんど使用されない。馬 *uma* は全く認

知されていない。

11.3.2. 植物・自然

　まず植物に関して、葡萄 *budo*、マホガニー *mahogani*、バラ *baram*、仏桑花 *bussonge*、ジャボン *ziabong*、桜 *sakura*(南洋桜)、は固有名詞として定着しているようである。パラオでもともと存在していた植物でも日本名で呼ばれ続けている。一方、牡丹 *botang*、果物 *kudamono*(時計草のこと)、珊瑚やし *sangoias*、ホウセンカ *hosengka*、南洋桜 *nangio sakura* は若年層で認知されなくなってきている。南洋桜 *nangio sakura* は短く *sakura* と言われるようになっている。朝顔 *asagao*、柳 *ianagi*、ソテツ *sotetsu*、ニンジン *ninzing*(芋の一種)、はほとんど認知されていない。

　自然現象に関して、乾燥期 *kansoki*、滝 *taki*、津波 *tsunami* が定着している。影 *kange* は若年層に認知されておらず、浜辺 *hamabe*、波 *nami* はほとんど認知されていない。

11.3.3. 場所・地名

　場所・地名に関しては、パラオ国内の特定の場所・地名、海外の地名の両方に日本語借用語が入っている。本島 *honto*(パラオで一番大きな島バベルダオブ島を指す)、連絡 *renrak*(コロール島のバベルダオブ島に近接する地域)、港橋 *minatobashi*(コロール島とマラカル島をつなぐ橋)、灯台 *todai* が広く定着している。また、フイリピン *huiriping*、ドイツ *dois*、シナ *sina*、ロシア *rosia* のような日本式の外国の呼び方もある程度定着しているようである。観測 *kansok*(気象局)は青・中年層のみに使用され若年層も認知する。カマチリ *kamatsiri*(バベルダオブ島の一部の地域)は若年層に認知されない。太平洋 *taiheio* は認知されるが、ほとんど使用されない。待合室 *matsiaisits*(港の待合室)、本道路 *hondoro* は、青・中年層が認知するが、若年層に認知されない。表南洋 *chomotenangio*、内南洋 *chutsinangio*、港藩 *minatohang*(コロール島の一地域)日本式の発音フランス *hurans* はほとんど認知されない。

11.3.4. 住居

　住居に関する語は維持率が高い。日本統治時代に本格的に近代的な家屋が建てられ、伝統的な家屋にない概念が多く入ったため、当然と言えるかもしれない。便所 benzio、電気 denki、埃 hokori、カーテン kateng、網 ami(網戸を指す)、窓 mado、ガラス karas、棚 tana、天井 tenzio、倉庫 soko、流し nangas、引き出し skidasi、タンス tans はほぼ全員の話者に使用されている。玄関 kengakang、nikai 二階も広く認知されている。若年層の認知が低いのは、押入れ osire、水道 suido、レンガ rengnga であった。簾 sudare、出窓 demado、部屋 heia、ハンドル handor(ドアノブ)は一部の話者のみ使用するようである。

11.3.5. 生活用品

　生活用品も比較的維持率が高い。住居同様、日本時代に近代的な生活様式が始まったことに起因するだろう。歯ブラシ habras、粉 kona(粉洗剤)、笊 saru、タオル taor、バスタオル bastaor、たらい tarai、タワシ tausi、金ダライ kanadarai、コンロ konro、おもちゃ omotsia、おしめ osime、おしめカバー osimekabaa、おしろい osiroi、扇風機 sembuki、線 seng、線香 sengko(蚊取り線香)、写真 siasing、磁石 sisiak、太鼓 taiko、テント tento、道具 dongu、道具箱 dongubako、望遠鏡 boingkio(双眼鏡)、金剛山 kongosang(研ぎ石)、お人形 oningio、竿 sao はほぼ全員の話者が使用している。綿 uata(コットンボール)、ねじ回し nezimaus、おしめカバー osimekaba、炭 sumi、本 hong、写真機 siasinki は一部の話者は使用しないがほぼ認知されている。乾燥場 kansoba、招待券 siotakin(招待状)、ゴミ箱 komibako は話者により認知・使用が異なる。面 meng(マスク)、一升瓶 chisiobing、電池 dentsi、鎖 ksari、メガネ mengane、ネジ nezi、フイルム huirum、灰皿 haisara は若年層で認知されなくなっている。物自体が使用されなくなっているものもあるが、dentsi が battery 英語に置き換わってきているものもあるようである。ものさし monosasi、仕掛け張り skakebari、マスク masku、蓄音機 skongi、万年 manneng(万年筆)、霧桶 kirioke、金庫 kingko は、語を使用する者・聞く者はいるものの、ほとんど認知されなくなっている。

11.3.6.　食品・食生活

　日本統治時代の食生活の変化は大きく、86語の借用語が見られる。現在もその影響が大きく残っており、食品や調理器具、調理法などに日本語借用語が残る。弁当 *bento*、お汁粉 *chosiruko*、大根 *daikon*、イワシ *iuasi*、缶詰 *kantsume*、カツオ *katsuo*、きゅうり *kiuri*、キャベツ *kiabets*、菜っ葉 *nappa*、刺身 *sashimi*、うどん *udong*、たくあん *takuang*、油パン *chabura bang*、しょうが *sionga*、玉ねぎ *tamanengi*、いなり寿司 *inarisusi*、サラダオイル *saladaoil*、味噌汁 *misosiru*、煮つけ *nitske*、蒸す *fkas*、箸 *hasi* はほぼ全員に使用されている。食品のいくつかに日本語借用語が定着していること、調理法や料理など日本の食生活の影響がまだ残っていることがわかる。バター *bata*、カレー *kare*、コーヒー *kohi* のような日本語の外来語から入った語も日本式の呼び方が定着している。弁当箱 *bentobako*、まな板 *manaita*、おぼん *obong*、鉄板 *tepang*、おいしい *choisii*、料理 *riori*、栄養 *cheio* のような、調理器具や食に関するその他の語も定着している。

　一部の話者に認知・使用されていないが定着度が高いものは、アイスケーキ *chais keeki*、ドンブリ *domburi*、豆 *mame*、マグロ *manguro*、茄子 *nas*、ネギ *nengi*、海苔 *nori*、卵 *tamango*、コロッケ *korokke*、リンゴ *ringngo*、醪 *meromi*、食パン *shiobang* である。調理器具や調理法などのお釜 *okama*、かば焼き *kabaiaki*、千切り *sengiri*、七輪 *stiring*、魔法瓶 *mahobing* も定着度が高い。

　腹子 *harango*、アンパン *chambang*、あんこ *angko*、鰹節 *katsuo bushi*、氷 *kori* は半数の話者が使用している。混ぜご飯 *mazekohang*、お菓子 *okasi*、スイカ *suika*、カビ *kabi*(賞味期限切れ)、片栗 *katakuri*、おやつ *oiatsu*、ライスカレー *rais kare* 茹でる *yuder*、かまぼこ *kamaboko*、肉 *niku* は一部の話者のみに使用される。一方カニビスケット *kanibisket*、サイダー *saidang*、油さし *chaburasasi*、でんぷん *dembung*、カステラ *kasera*、卵うどん *tamango udong*、穀物 *kokumots*、まずい *mazui*、鍋 *nabe*、前掛け *maikake* はほとんど認知されていない。

第 11 章　日本語借用語の使用変化　139

11.3.7.　学校

前述のように学校関連の借用語は定着度が低い。広く定着しているのは大学 *daingak*、先生 *sensei*、幼稚園 *iotsieng*、運動会 *undokai* である。大学は日本統治時代に存在しなかったため、戦後使われるようになった語だが定着している点は興味深い。消しゴム *kesgomu* は青・中年層に使用される。答え *kotai* は若年層に使用され、青・中年層も認知している。校長先生 *kotsiosensei*、試験 *skeng*、博士 *hakase* は、一部のみ使用される。黒板 *kokubang*、札 *huda*(ネームタグ)、卒業式 *sotsugiosiki*、卒業生 *sotsugiosei*、そろばん *sorobang*、字引 *zibiki*、辞典 *ziteng* はほとんど認知されず、文法 *bumpo*、分数 *bungsu*、算術 *sandits* は全く認知されない。

11.3.8.　運動・スポーツ

運動スポーツは、現在でも盛んに行われる野球を中心とした語が定着している。野球 *iakiu*、試合 *sichai*、グローブ *kurob*、ou 野球 *ouiakiu*(野球をする)、グランド *kurangd*、守る *mamor*、アウト *chauts*、はほぼ全員使用する。ボール *boru*、運動 *chundo* は青・中年層を中心に使用されている。ゴロ *koro*、体操 *taiso*、かぶる *kabur*(レスリングの技)、一部の話者のみ使用される。直球 *tsiongkiu* はほとんど認知されていない。

11.3.9.　遊び・娯楽

日本から入った遊びや音楽はパラオに広く定着しており、したがって借用語の定着度も高い。おさらい *chosarai*、花火 *hanabi*、花札 *hanahuda*、風船 *huseng*、一丁引き *itsiobiki*(花札の役)逆立ち *sakadats*、玉 *tama*(ビー玉、揚げドーナツ、電球にも使用される)、クレヨン *kureiong* は全員に使用される。だま *dama*(チェッカーのようなゲーム)、ou 鬼 *ouoni*(鬼ごっこをする)、ou 花札 *ouhanahuda*(花札をする)、鉄 *tets*(遊びのための小さい鉄の玉)、あいこでしょ *aikodetsio*(じゃんけん)、活動 *katsudo*(映画)、図画 *sunga*、ou 図画 *ousunga*(絵を書く)、芝居 *sibai* もほぼ全員に使用される。

漫画 *mangnga*、博打 *baktsi*、ou 博打 *oubaktsi*、ou おさらい *ouchosarai*、ちび

鳥 *chibidori*、じゃんけんぽ *ziangkenpo*、ou 活動 *oukatsudo*、ou じゃんけんぽ *ouziankenpo*、鉄砲 *teppo*(花札の役)、ゴム *komu*(パチンコのゴム)、伴奏 *banso*、譜 *hu* は使用をしない者もいるが、まだ広く使用されている。

竹馬 *takechuma* は認知されているが、あまり使用されなく(つまり遊び自体をしなく)なっている。品評会 *himbiokai*、遠足 *ensok*(ピクニック)は青・中年層に認知されるが、使用されなくなっている。た勝負(?)*tasiob*(互角)、絵 *che*、作戦 *sakuseng* は一部に使用されるが、あまり使用されなくなっている。

11.3.10. 農業・漁業

熊手 *kumade*、鎌 *kamang*、浮き *uki*、鉛 *namari*(釣り用のもの)、テグス *tengus* のような道具に関する語の使用が定着している。また、肥し *koias*、牧草 *bokso*、大漁 *tairio* も定着している。波止場 *hatoba*、舶来 *hakurai*、延縄 *hainaua* は若年層の使用が少ないが、ある程度使用されるようである。

乾燥場 *kansoba*、短刀 *tanto*(釣りや狩り用)、いけす *ikes*、より戻し *iorimodos*(釣り用のもの)は、青・中年層は使用するが若年層は使用しない。バケ *bake*、牧場 *bokuzio* は一部に認知されるが使用されない。みよし *mios*、三叉 *mitsumata* は全く認知されない。

11.3.11. 商業・経済

日本時代に貨幣経済が始まり、その影響で借用語が多く残るが、定着したものと、そうでないものに分かれるようである。定着したものは、安い *iasui*、高い *takai*、無尽 *musing*(パラオで行われている協働出資のシステム)、お客 *okiak*、お釣り *otsuri*、タダ *tada*、サービス *sabis*、商売 *siobai*、株 *kab* はほぼ全ての話者に使用される。工場 *koba*、儲かる *mokar*、潰れる *tsuburer*、財産 *daisang* は比較的認知されている。計算 *keisang*、経済 *keizai* は青・中年層に使用されるが、若年層に使用されない。卸す *oros*、売れない *urenai* は半数の話者に使用される。配達 *haitatsu*、お金 *okane*、伝票 *dembio* は比較的認知されるが、使用は 2 人にとどまる。売れる *urer*、配当 *haito*、損害 *songai*

の認知は半数である。値打ち *neuchi*、会社 *kaisia*、お釣りがない *otsuriganai*、払い下げ *haraisange*、ボーイ *boi* は全く使用されない。

11.3.12. 身体

身体に関する語は、全体的に使用の維持傾向が低いが使用されるものもある。えくぼ *ekubo*、しわ *siua*、胃 *chi*、はげ *hange*、坊主 *bozu* は全体的に使用傾向にある。てろ坊主 *terobozu*(スキンヘッド)、頭 *atama* も広く使用される。腕 *chude*(上腕筋)、腰 *kosi*、脳 *no*、奥歯 *okuba* は青・中年層を中心に使用、理解される。心臓 *sinzo*、前髪 *maigami*、おでこ *odeko*、金玉 *kintama*、胃袋 *chihukuro* はほとんど認知されていない[4]。

11.3.13. 医療・衛生

医療・衛生に関しても定着している語とそうでない語に分かれる。ばい菌 *baiking*、虫歯 *musiba*、にきび *nikibi*、入院 *niuing*、退院 *taing*、安全 *chanzen*(安全カミソリ)、衛生 *cheisei*、入れ歯 *chireba*、デング *dengu*(デング熱)、包帯 *hotai*、リウマチ *riumats*、盲腸 *motsio* はほぼ全員に使用される。歯医者 *haisia*、熱 *netsu* も使用者が多い。汗疹 *chasebo*、栄養不良 *eiohurio*、栄養分 *eiobung*、診察 *sinsats*、トクホン *tokuhong*(湿布)は広く認知されるが使用は比較的少ない。担架 *tangka*、予防 *iobo*、検査 *kensa* は若年層、青・中年層1人ずつ使用をするが若年層を中心に認知度が低い。淋病 *rimbio*、消毒 *siodok*、絆創膏 *bansok*、体温計 *taionki*、病院 *bioing* は比較的認知はされるが使用されない。傷 *kisu*、サルメチール *sarmetsir*、肺病 *haibio*、看護婦 *kangob*、患者 *kanzia* はほとんど認知されない。多くが英語に置き換わったと考えられる。病院船 *bioing seng*、脱調 *datsio*、急病 *kiubio* は全く認知されない。

11.3.14. 服飾・美容

服飾・美容関係にも多くの単語が見られる。定着していない語もあるが、使用されている語も多い。バリカン *barikang*、止め *dome*(ヘアピン)、口紅 *kutsibeni*、ズボン *zubong*、足袋 *tabi*、香水 *kosui*、ボタン *botang*、乳バンド

tsitsibando、スプリング *subringngu*(Tシャツ)、はほぼ全員の話者に使用される。お揃い *chosoroi*、裸 *hadaka*、ou 草履 *ouzori*(草履をはく)、縮む *tsizim* のような、服飾に関する概念も定着している。風呂敷 *beroski*、革 *kaua*(革靴)、衣紋掛け *enmongkake*、襟 *eri*、マフラー *mahura* もある程度定着している。カバー *kaba*、ou 革 *oukaua*(革靴を履く)、スカート *sukato*、上着 *uagi*、畳んでいる *tatander* は青・中年層を中心に使用されている。

仕立て屋 *sutateia*、運動靴 *chundongutsu*、ハンカチ *hangakts*、半ズボン *hansubong*、長ズボン *nagasubong*、長袖 *nangasode*、半そで *hansode*、ランニング *ranningngu*、ou 草履 *ouzori*、山 *iama*(前髪のヘアスタイル)、シャツ *siats* は一部の話者にのみ使用され認知度が低い。*zori* は使用されないが、*ouzori* が使用されるのは興味深い。ポマード *bomado*、猿股 *sarumata*、バンド *bando* は青・中年層を中心に認知されるが、使用されない。下着 *stangi*、ou 下着 *oustangi*、床屋 *tokoia* は一部に認知されるが使用されない。穴かがり *chana kangari*、糸 *chito*、鞄 *kabang*、型紙 *katangami* は全く認知されない。

11.3.15. 土木・建築

土木・建築に関してもある程度認知されている。ベニヤ benia、アスファルト *chasuart*、電気柱 *dengki basira*、ドブ *dobu*、はしご *hasingo*、桟橋 *sambas*、トタン *totang*、上がり段 *angaridang*、大工さん *daiksang*、三叉路 *sansaro*、鉄筋 *tekking*、配線 *haiseng*、電気部 *denkibu*、井戸 *chitdo* は、ほぼ全員の話者に使用される。プラグ *berangu*、鶴嘴 *turubasi*、垣根 *kakine*、建前 *tatemai* もある程度使用される。土台 *dodai*、リアカー *riakang*、図面 *sumeng*、溶接 *iosets*、滑り台 *suberidai*(船着き場のスロープ)、刷毛 *hake*、製材 *seidai*、壺 *tsubo*、抵当物 *teitobuts*、柱 *hasira*、小屋 *koia* は、青・中年層は使用するが若年層は認知しない。他のカテゴリよりも、青・中年層と若年層の差が見えるのは、経験の差による語彙量の差が原因かと考えられる。

足場 *chasiba*、墨壺 *sumitsubo* は一部の話者のみに使用され認知度が低い。土手 *dotei* はほぼ認知されていない。

11.3.16. 乗り物

乗り物やそれに関する語もある程度定着している。オートバイ *chotobai*、自動車 *sidosia*、飛行機 *skoki*、飛行場 *skozio*、トラック *torak*、タイヤ *taia*、ガソリン *kasoring*、運転台 *chuntendai*、馬力 *barik* はほぼ全員の話者に使用される。キャブ *kiab*(キャブレーター)、チューブ *tsiub*、モーター *mota*、ラジエーター *razieta*、ジャッキ *ziakki*、ギア *kia* は青・中年層を中心に使用されている。手放し *tebanas*、パンク *bangk*、運転 *chunten*、運転手 *chuntens* は一部の話者のみに使用される。汽車 *ksia*、エア *chea*、渡船 *toseng*、渡し船 *uatasibune* はほとんど認知されていない。

11.3.17. 通信

通信に関しても一部は定着している。電話 *dengua*、ou 電話 *oudengua*(電話する)、ラジオ *razio*、新聞 *simbung* は全員に使用される。手紙 *tengami* は全員に認知されるが、一部は使用しない。封筒 *huto* は青・中年層のみに使用される。サイレン *saireng*、電報 *dempo* は一部の話者に使用される。便り *taiori* は認知されるが使用されない。送り状 *okurisio* は1人の話者に使用される。切手 *kitte* は全く認知されない。

11.3.18. 戦争

戦争関連の用語は使用の定着度が低い。唯一全員に認知されるのは防空壕 *bokungo* のみである。防空壕はパラオに未だに残っているためだと考えられる。植民地は半数の話者が使用する。爆弾 *bakudang*、戦車 *sensia*、タコツボ *takotsubo*(戦車の溝)、はある程度認知されるが使用が少ない。毒ガス *dokungas* は一部に使用される。手榴弾 *teriudang*、爆発 *bakuhats* は一部に認知される。銃 *ziu*、空港母艦 *kukobokang* はほとんど認知されない。

11.3.19. 司法・行政

司法・行政は戦後に取り入れられたと考えられる語も多いが、一部定着している。大統領 *daitorio*、候補者 *kohosia*、選挙 *sengkio* は全員が使用してい

る。土地台帳 *totsidaitsio*、予算 *iosang*、予算案 *iosang ang* は青・中年層に使用されるが若年層にほとんど使用されない。判決 *hangkets*、言い渡す *iuatas*、憲法 *kempo* は一部の話者が使用するが、若年層に認知されない。民主主義 *misizungi*、弁護士 *bengngos*、憲兵 *kembei*、政治 *seizi* は一部の話者にのみ認知される。

11.3.20. 宗教・伝説

宗教・伝説は数が少ないが、今後他の語が見つかると考えられる[5]。鬼 *oni*、クリスマス *kurismas* が使用されるが、一寸法師 *isimbosi* はほとんど認知されない。

11.3.21. 人物評価

形容詞の中で、特に人物評価に関する語彙が多く取り入れられている。慌てている *auateter*、細かい *komakai*、猛烈 *morets*(猛烈に何かに長けている)、自慢 *simang*(自慢している)、澄ましている *sumaster*、ずるい *zurui*、小人 *kobito* は全ての話者に使用される。ひどい *hidoi*、気ちがい *kitsingai*、やっかい *iakkai*、ぼんやり *boniari*(決心力のない人)、適している *dekster*(〜が上手)、へぼ *hebo*、勝手 *katte*、ケチ *kets* も使用している話者が多い。馬鹿にしている *bakanister*、粗い *charai*、ou 独立 *oudokurits*(自立して見せる)、直らない *naoranai* は使用が少なくなるが、認知度は高い。おてんば *chotemba*、狐 *kitsune*(バカ)は青・中年層を中心に使用されている。

堅い *katai*、おでぶ *odebuu*、皺だらけ *siuarake*、安心している *changsinster*、なまいき *namaiki*、しっかりしている *skarister* はある程度認知されるものの、ほとんど使用されない。威張っている *chibatter*、敵(かたき)*kataki*、正直 *sioziki*、ボンクラ *bongkura* はほとんど認知もされていない。

人物評価の形容詞は定着したものとそうでないものに分かれるが、特に日本語で使用が多いと思われるものが定着しやすい傾向は見られない。*dekster* や *boniari* のように日本語の意味から変わったものも定着していることも見え、日本語借用語から発達したが、そこから離れて独自に語彙体系が発達し

たことがうかがえる。

11.3.22. その他物質

その他の物質は項目の数は少なく、使用が維持されているものも少ない。唯一ほぼ全ての話者に使用されている語は手錠 *tesio* である。台 *dai*、真鍮 *sintsiu* はある程度、認知・使用されている。アルミニウム *charuminium*、ダイナモー *dainamo*、バネ *bane* は一部のみ認知されている。ダイヤ *daia*、縄 *naua* は全く認知されていない。

11.3.23. 概念名詞

上記のカテゴリに属さない概念名詞も多く存在する。心配 *simbai*、型 *kata*、ゴミ *komi*、ゴミ捨て場 *komisteba*、小遣い *kozukai*、癖 *kse*、目的 *moktek*、問題 *mondai*、応援 *oieng*、おんぶ *ombu*、お土産 *omiange*、練習 *rensiu*、青年団 *seinendang*、習慣 *siukang*、四角 *skak*、誕生日 *tansiobi*(誕生日会)、点 *teng*、休場(やすんば)*iasumba*、場所 *basio*、安心 *chansing*、音 *choto* は全ての話者に使用される。乞食 *kosiki*(貧乏)、密航 *mikko*(警察の隠れた取り締まり)、応援団 *oiendang*、隣 *tonari*(隣人)、愛嬌 *aikio*、流行り *haeri*、班 *hang*(村落)、恋 *koi*、組 *kumi*、運 *chung*、握手 *aksiub* もほぼ全ての話者に使用される。気持ち *kimots*、観光団 *kangkodang*、音楽 *ongaku*、証人 *sioning*、ところ *tokoro*、未練 *amireng*、段取り *dandori*、観光団 *kankodang*、専門 *semmong*、調子 *tsios*、色 *chiro*、密航 *mikko*、約束 *iaksok* も使用・認知度が高い。四角 *skak*、分 *bung* が使用されるにもかかわらず、三角 *sangkak*、秒 *bio* が全く使用されないのは興味深い。合図 *chaizu*、毒 *dok*、刺繍 *sisiu* も比較的使用される。計画 *keikak*、歴史 *reksi*、意味 *chimi*、独立 *dokurits*、返事 *henzi*、レコード *rekodo*、普通 *hutsu* は青・中年層に使用されるが、若年層に使用されない。

青年 *seinneng*、知らん顔 *sirangkao*、幅 *haba*、経験 *keikeng*、現場 *kemba*、記念 *kineng*、紹介 *siokai*、姿 *sungata*、上がり *changari*、反対 *tantai*、回転 *kaiteng*、監督 *kangtok* は、認知度は高いが、使用者は1人か2人である。文句 *mongk*、理屈 *rikuts*、埋め立て *chumetate*、キロ *kilo*、予定 *ioatei*、結果 *kekka*、

街 *matsi*、は青・中年層の 2 人に使用されるが、半分以上は認知していない。勤労奉仕 *kinrohosi*、的 *mato*、最後 *saingo*、成功 *seiko*、将来 *siorai*、卵型 *tamango kata*、逃亡者 *tobosia*、色々 *chirochiro*、配給 *haikiu* はある程度認知されるが、使用は 1 人だけである。見本 *mihong*、証人台 *sioningdai*、おじさん *odisang*、番号 *bango*、思い出 *omoide*、相談 *sodang*、寸 *sung*、別れ *uakare*、秒 *bio* は青・中年層を中心に認知されるが使用されない。荷役 *niak*、番 *bang*、泥棒 *dorobo*、半分 *hambung*、田舎 *inaka*、一等品 *ittohing* は半分の話者が認知し、1 人の話者だけ使用する。関係 *kangkei* は 2 人の話者が使用するが他は認知しない。片手 *katate*、確実 *kakusits*、恋人 *koibito*、一部 *itsibu*、相棒 *aibo* は 1 人使用し、1 人認知している。研究 *kenkiu*、気絶 *kisets* は 1 人の話者が使用するが、他の話者は認知していない。信用 *singio*、拳骨 *kengkots*、権利 *kengri*、万 *mang*、三角 *sangkak*、注意 *tsiui*、秘密 *himits* は 2 人の話者のみに認知される。訓練 *kungreng*、二十 *niziu*、証拠 *sioko*、直接 *sioksets*、液 *cheki*（バッテリーの液）、罰金 *bakking* は 1 人のみに認知される。交代 *kotai*、荷物 *nimots*、生活 *seikats*、よし春 *iosiharu*（春）、よし雪 *iosiuki*（冬）は全く使用されない [6]。

11.3.24. その他動詞

その他の動詞も数が多く、影響の大きさが伺える。当たる *atar*、合わせる *auaser*、妨害 *bongai*（邪魔する）、暴れる *chabarer*、払う *haaru*、かかる *kakar*、勝つ *kats*、断る *kotouar*、負け *make*（負ける）、回る *mauar*、無理 *muri*（無理強いする）、おっぱい *oppai*（授乳する）、ou 問題 *oumondai*（問題を起こす）、さめる *samer*、スピード *subiido*（スピードを出す）、試す *tames*、畳む *tatam*、溶ける *toker*、誤る *chaiamar*、かからす *kakaras*、取り消す *torikes*、疲れる *tsukarer*、あがる *changar*、決める *kimer*、さびる *sabir*、損 *song*（無駄にする）はほぼ全ての話者に使用される。招待 *siotai*（招待する）、調べる *siraber*、返す *kaeas*、回す *mauas*、節約 *setsuiak*（節約する）、注文 *tsiumong*（注文をつける）、お迎え *omukai*（迎える）、降参 *kosang*（降参する）も使用者が多い。おごる *ongor*、抑える *osaer*、捕まえる *skamaer*、飛ばす *tomas*、溶かす *tokas*、止める

tomer、疲れなおす *tsukarenaos*(一杯やる)、消す *kes*、コツン *kotsung*(ゴツン
とやる)、吸い込む *suikom* は半数の話者が使用する。

　倒す *taos*、思い出す *omoidas*、恨む *uram* は 2 人の話者が使用するが、若年
層の認知度が低い。あきらめる *chakimer*、直す *naos*、やめる *iamer* は半数以
上に認知されるが使用されない。出す das、変わる *kauar*、ou 足 *ouasi*(歩い
ていく)、助ける *tasker*、埋める *umer* は 2 人の話者に使用されるが、他の話
者には認知されない。開ける *aker*、気がつく *kingatsuku*、閉める *simer*、すべ
る *suber*、浮かぶ *ukab*、横目 *iakome*(横目で見る)、ou 堅い *oukatai*(頑固に振
舞う)、ou テープ *outeib*(テープを使う)、仕上げる *siaker*、頼む *tanom*、逃亡
tobo(逃亡する)、やられる *iararer*、いじめる *izimer* は、半数以上が認知する
が、使用は 1 人にとどまる。一列 *itsiretsu*(一列に並ぶ)、帰る *kaer*、下がる
sangar は 1 人が使用、1 人が認知するにとどまる。かける *kaker*、首 *kubi*(ク
ビにする)、写す *chutsus* は 1 人が使用、舐める *namer*、落ちる *otsir*、ou 部屋
ouheia(部屋を借りる)は 1 人が認知するが、他の話者には認知されない。

11.3.25.　その他形容詞

　上記のカテゴリに入らない形容詞も多くが保持されている。危ない *chabu-
nai*、合っている *chatter*、合わない *chauanai*、ダメ *dame*、苦しい *kurusii*、寂
しい *sabisii*、面白い *omoshiroi*、疲れている *skareter*、特別 *tokubets* は全員に使
用されている。故障 *kosio*、遅い *osoi*、錆びている *sabiter*、盛り *sakari*(動物が
発情している)、しょうがない *sionganai*、薄い *chusui*、惜しい *osii* もほぼ全て
の話者に使用されている。効かない *kikanai*、開いている *chaiter*、切れてい
る *kireter* もよく使用される。困っている *komatter*、知らない *siranai*、当たり
前 *chatarimai*、忙しい *chisongasii*、関係している *kangkeister*、情けない *nasake-
nai*、狭い *semai* はある程度認知されるが、使用者は多くない。簡単
kantang、効いている *kiter*、クデン *kudeng*(グデングデン)、は青・中年層が
使用するが、若年層は認知しない。余っている *chamatter*、合格 *kokak*、面倒
くさい *mendokusai*、斜め *naname*(平ら)、寒い *samui*、楽しい *tanosii* はある程
度認知されるが使用はされない。気が付かない *kinga　tskanai*、臭い *ksai* は

ほとんど認知されない。

11.3.26. 副詞

　副詞は数が少ないものの、一部使用されている。段々 *dandang*、今まで *imamade*、特に *tokuni*、大体 *daitai*、既に *sudeni* は半数以上の話者に使用されている。どうしても *dostemo* は認知はされるが使用が少なく、ちょうど *tsiodo* は一部に使用される。どうせ *doesei* は使用が1人で他には認知されず、折角 *sekkak* は一部が認知をするが使用されない。

11.3.27. 表現

　表現は、挨拶や幼児語などが見られる。bem 寄れ *bem yore*（寄ってください）、大丈夫 *daiziob*、よろしく *iorosku*、ゴメン *komeng* などの表現、ナイナイ *nainai*（ない）、ネンネ *nenneng*、タイタイ *taitai*（痛い）、頂戴 *tsiodai* が幼児語として定着し、ほぼ全員に使用される。すまない *sumanai* も認知度が高く、半数が使用する。えんし（？）*chensi*（幼児語、座れ）、いくら *ikura*、あばよ *abaio* はほとんど認知されない。

11.4.　日本語借用語使用の意味変化

　次に、日本語借用語で戦後に変化している語を考察していく。前章までで記述したように、日本語借用語はパラオ語に入った時に意味の縮小や変化が見られる。意味範疇が広い語の場合は全ての意味がそのままパラオ語に入るよりも、パラオ語に欠けている一部の意味用法のみが借用されるのは自然であると考えられる。同時に、借用された語が長く使われる場合、その後の意味範疇が拡大される。拡大されるときには原語の意味から離れ、異なる意味が生じることもしばしば見られる。日本語借用語はこのように変化している語があるが、さらに戦後にかけて変化したものも見られる。戦後生まれの話者は借用語の元の意味がわからないため、それがわかる戦前世代に比べ、意味変化にある程度の制約がないことが原因と考えられる。辞書の記述と高年

層(1941年生まれ)の話者の使用の意味と比べて、青・中年層以下の話者の使用の意味が異なる語を表11–3にまとめる。

*dandang*は元々「段々と」という意味であったが、音から推測して「階段」という意味になったようである。*bongiari*は恐らく*bongai*(妨害)と音が似ているため、元の意味が失われ、*bongai*と同じ意味(品詞が異なり、*bongai*は動詞*boniari*が名詞)に収束しているのであろう。seinendangは日本統治下で青年団が組織され入った言葉であるが、戦後のその形が変わった現在は、*cheldebechel er a rengeasek*(直訳＝若者のグループ)が使われているようである。本来指している対象がなくなったため、*seinendag*は青年団が指し示す年齢のグループで、別の集団を指すようになっている。また、*chuntendai*(運転台)は*chunten*の意味を青・中年層以下は理解しないために、意味がすり替わったと考えられる。*kozukai*(小遣い)は同義語に英語の*allowance*が入ったため、その語自体が特別な機会での小遣いのことのみを指すようになった。同様に*hadaka*は全裸のことを指す語(*meau*)が類義語として存在するため、全裸ではなく上半身裸のことのみを指すようになった。

*siotots*は元々原語と同一の意味であったが、グラスを突き合わせて乾杯をするときの掛け声となった。元々その語が日本語だとわかるパラオ人のツアーガイドが日本人に対して使い始めて、次第に広まったようである。同様に*tsukarenaos*は、元々使用されていなかったが、*tsukarer*(疲れる)や*tsukareter*(疲れている)、*naos*(直す)がパラオ語に借用されているため、パラオ人ツアーガイドが語を新しく作り、それが広まったようである[7]。

表 11-3　世代間において意味が変化した日本語借用語

パラオ語	日本語	高年層の意味	若・青・中年層の意味
chaiko detsio	あいこでしょ	あいこでしょ（掛け声）	じゃんけん
atar	当たる	女性にもてる男性、アレルギー	アレルギー、誰かに偶然会う
bongiari	ぼんやり	ぼんやりしている人	誰かにちょっかいを出したり、妨害したりする人
chosarai	おさらい	お手玉	堅い枕
chuntendai	運転台	運転席	助手席
dangdang	だんだん	だんだんと	階段
hadaka	裸	裸、上半身裸	上半身裸
kitsne	狐	狐、うそつき	気が狂った人、バカ（蔑称）
kozukai	小遣い	小遣い	外国に行くときに友達や家族からもらうお金
morets	猛烈	勇敢な、リスクを考えない	何かにとても長けていること
muri	無理	無理、無理強いする	無理強いする
seinendang	青年団	青年団	学校にも行かず仕事もしない若者
siotots	衝突	衝突	乾杯
tsukarenaos	疲れ直す	―	仕事帰りにお酒を飲むこと

11.5.　まとめ

　本章では、異なる世代のパラオ語母語話者 6 名に対して日本語借用語の使用状況を調べた。結果、日本語借用語の使用語数は、戦前世代（高年層）から青・中年層、青・中年層から若年層にかけて段階的に減少していることがわかった。要因として、A)経験の差により、若年層の絶対的な語彙量が少ないこと、B)高年層が日本語を解したことにより日本語借用語を多く使用していたが、その高年層と接触する機会は概して年齢が下がるほど少なくな

第 11 章　日本語借用語の使用変化　151

ること、C) 戦後から続く英語からの影響が増し続けていること、を指摘した。また日常生活の中での使用による語彙の継承・伝播は、家庭毎、コミュニティ毎に異なり、結果として話者の日本語借用語の使用・理解には個人差が大きいこともわかった。また、カテゴリに分けて維持状況を見ると、カテゴリ間に差があり、文化・社会的要因等により、使用が定着した語もあれば、そうでない語も見られた。本章の結果から、日本語借用語語彙の維持状況の大約が明らかになったと考えられる。

注

1　調査の過程で綴り違いの重複語が見つかったため、実際に調査した語の全数は880 語である。話者によってはミスによって無回答もあった。なお、Fabricus (2011)が借用語をどのように収集したかは定かではないが実際に使用されている語が収録されていることは確かである。

2　周りから聞いても正確には理解できない語もあるため、厳密には理解語彙ではないが、そのような語彙は調査した話者にほとんど見られなかったため、本稿では便宜的にこのように扱う。

3　Matsumoto(2010)も同様に、アメリカ統治の影響から日本語借用語の英語借用語による置き換えが起き、会社 *kaisia*、病院 *bioing* は、それぞれ *kambanii, osbitar* に使用が変わっていることを指摘している。

4　Matsumoto(2010)は、日本語借用語と英語借用語を比べ、身体部位や数字などの「基幹語彙(so-called "core" vocabulary)」は置き換えが起きにくいと考察している。しかし、結果のように身体語彙や後に考察する数字の日本語借用語で、使用されなくなっているものも多い。その要因を今後調べる必要がある。

5　「桃太郎」の歌などが今でも歌われていることは確認している。

6　よし春 *iosiharu*(春)、よし雪 *iosiuki*(冬)は Josephs(1990)の間違いかと考えられる。

7　*Siotots* と *tsukarenaos* の話は、数名のパラオ人から聞いた証言だが、話の詳細は定かではない。

第 12 章　日本語借用語の音韻規則の変化

　前章で考察した使用語数と意味の変化に加え、日本語借用語には音韻変化が起こっている。本章では、6 人の異なる世代のパラオ人に対する発音の調査の結果から、戦後の日本語借用語の音韻変化を記述する。

12.1.　調査概要

　発音調査を行った対象は、MT（1941 年生まれ）、JM（1956 年生まれ）、KK（1968 年生まれ）、AH（1969 年生まれ）、HB（1981 年生まれ）、BS（1996 年生まれ）である。日本時代を経験している者は（生まれて数年だけの MT を除いて）おらず、その意味での日本語の影響は少ないと考えられる。AH のみ日本滞在経験があるが、その影響は小さいようである [1]。調査した語は日本語借用語のうち、新たに作成された音素を含む語、複数の綴りが確認された語、その他発音に変化が観察された語である（表 12–1）。被調査者の使用する語のみに対して調査をしたため、調査した語の数は被調査者によりばらつきがある。

　日本語借用語が入ったことにより追加された、パラオ語固有でない音素は /z/, /ts/, /h/, /f/, /p/, /n/ である。［ʣ］と［ʤ］は一つの音素 /z/ を構成するが、それぞれの音の出現傾向には異なりが見られると考えられたため、別々に分析した [2]。加えて、語頭に母音が来る日本語借用語の発音も調べた。日本語借用語が母音で始まる語である場合、語頭に声門閉鎖音 /ʔ/ が付加されることが多い。それらの語が文中でも声門閉鎖音が付加されるか（つまり

"ch" で綴られるか)は話者によってその傾向が異なる。先行する語として *ng* を前に置いて発音してもらい、語頭の声門閉鎖音が発音されるか確認した。加えて、辞書などで複数の綴りが見られる語と別の調査時に複数の発音が確認できた語を調査語とした(表 12–1「その他」)。

なお、声門閉鎖音が付加される語の調査は、繰り返しの回答の影響で、実際には付加しない語にも機械的に、付加すると回答する可能性が懸念された。そのため、声門閉鎖音 /ʔ/ が付加されない連母音で始まる語 *iorosku, iosang, eiobung* などを挿入することにより、その様な可能性を排除するようにした。結果、二重母音には声門閉鎖音が付加しないと回答が得られたため、調査の信頼性は高いと考えられる。

表 12–1　本調査で使用した日本語借用語のリスト

[ʒ] [ʤ] *bokuzio, daiziob, chazi, chazinomoto, chizimer, henzi, makiziak, nezi, nezimauas seizi, sioziki, zisiak, skozio, tansiobi, teizio, tensio, ziakki, ziangkempo, zibiki, tsizim*
[z] [ʣ] *bozu, chanzeng, hanzubong, kanzume, keizai, mazui, zeitak, zidosia, sinzo, zori, zubong, zunga, zurui, zeitak*
[ts] *kingatsku, nitske, setsuiak, sintsiu, takotsubo, tsiotsio, tsitsibando, tsubo, tsiumon, tskarer, tsker, tsubame, tsuburer, tsukarenaos, tsunami, tsurubasi, tsizim*
[ʔ] *chaikio, chaiter, chaizu, chaker, chaksiub, chami, chamireng, changaridang, chansingster, chanzen, chasi, chatama, chatar, chatarimai, chatter, chauaser, che, chekubo, chemongake, chensok, cheri, chido, chikura, chimamade, chinaka, chinarisusi, chiorosku, iosang chang, chiremono, chirer, chisimbosi, chisiok, chisongasi, chitsibu, chitsiobiki, chittohing, chiwasi, chiwatas, nechutsi, cho-bong, choiats, choisii, chokamang, chokami, chokane, chokasi, chokiak, chokuba, chokura, chokurisio, chombu, omiange, chomoidas, chomosiroi, chomotsia, chomukai, chongor, oni, oningio, chongak, choppai, choros, chosaer, chosii, osime, chosire, chosiroi, chosoi, choto, otsuri*
[n] [N] *kasorin, sikang, siotaikeng, tekking, nas, nangas*
[ɸ] *futong, fkas, fkasnabe*
[h] *kohei, kohi, kohosia*
[p] *nappa, oppai*
連母音 *choisii, chutsus, kurusii, oeng, osii, sabisii, isogasii, chusui*
その他 *chatter, dentsi, tebkuro, mats, nangas*

12.2. 有声後部歯茎摩擦・破擦音［ʤ］

　日本語が持つ音素 /ʒ/ は基本的には［ʤ］が表れる。Josephs (1979b) によるとこの音が入る場合、パラオ語では通常［ʣ］として表出する。Josephs (1979b) の観察では［ʣ］であるが、筆者には［ʤ］に聞こえた[3]。そのため、本書では［ʣ］と［ʤ］を区別して論じる。

　調査の結果、有声音として出現する傾向が変わりつつあることがわかった。図 12–1 は［ʤ］を発音している語の調査語に対する割合である。話者が［ʤ］を発音しない場合、無声音の［ʦ］もしくは［s］で代替される。表からわかるように、世代が下がるとともに［ʤ］が使用されなくなっている。BS (1996 年生まれ) は一語だけ［ʤ］を使い、それは *chazinomoto* である。日常的に使う調味料の名前であるため、繰り返し使うことにより［ʤ］の発音が保持されたと考えられる。またラベルに見られる "ajinomoto" という綴りと、日本語であると認識しやすい点が、発音保持の一因となっている可能性も考えられる。AH には一定の使用ルールが確認され、［ʤ］は /i/ (連母音 /ia/, /io/ を除く) が後続する語に使われている。また、AH は *azi* の発音に関して、*asi* (to walk) と区別するために、［aʤi］と発音するとコメントしている[4]。

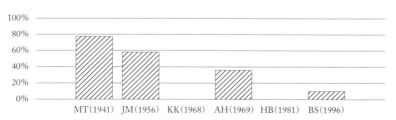

図 12–1　話者別の日本語借用語の［ʒ］の表出率[5]

12.3. 有声歯茎摩擦音・破擦音 [z], [ʣ]

　日本語の音素 /z/ は通常 [z] か [ʣ] として表出する。Josephs(1990)は、この音を含む借用語は通常パラオ語の音素 /s/ に統合されるが、日本語の知識を持つ高年層話者はそのまま [z], [ʣ] で発音すると述べている。表 12-2 は世代間の推移であり [z] が表れない場合は [s], [ts] が表れる。全体的に、[ʤ] の出現と似たパターンが見られる。Josephs(1990)の観察のように [ʤ] の場合よりも [ʣ] の方が無声化する傾向にある。日本語の知識を持たないパラオ人でも中高年層を中心に [z], [ʣ] の発音を保持している。KK と HB は一語のみに [ʣ] が表出しており、それぞれ、keizai と chanzeng であった。比較的に [ʣ] が表出する MT, JM には、分布のパターンが見られた。有声音 /z/ は語頭よりも語中に表れる傾向にある。表 12-3 のように、語頭の /z/ の多くが無声化し(zubong = [suboŋ], zunga = [suŋa], zurui = [surui])、語中の /z/ は無声化しにくい(kanzume = [kanzume], keizai =

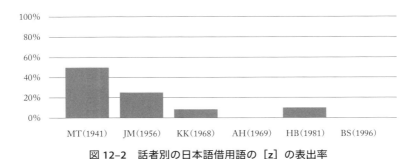

図 12-2　話者別の日本語借用語の [z] の表出率

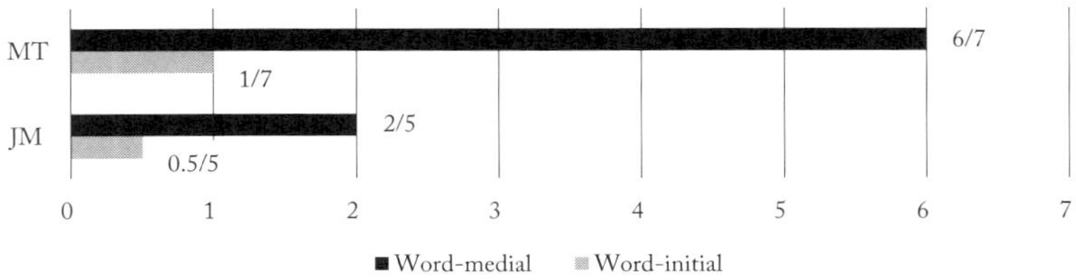

図 12-3　音環境別に見る話者別の日本語借用語の [z] の表出率

［keizai］）。語頭の /z/ で無声化しない唯一の例は *zori* ＝［zori］であった。その理由として、パラオ人の多くの第二言語である英語で語頭に［z］が起こる語が少ないことが影響している可能性が考えられる。

　また /z/ が無声音で発音される場合［ts］か［s］が表出する。標準日本語では通常、/z/ は相補分布をし、語頭か歯茎鼻音 /n/ の後に［ʥ］、その他の音環境で［z］が表出する。仮に日本語借用語の /z/ がそのまま無声化するのであれば、そのルールに従って、［ʥ］→［ts］、［z］→［s］となる。調査者は、歯茎鼻音 /n/ の後続の /z/ は［ts］として発音される傾向にあった。一方、語頭は［ts］ではなく［s］で発音される例が多く見られた(例えば /zubong/ ＝［suboŋ］)。後の小節で見ていくように、語頭で /ts/ が /s/ になる傾向もあるため、語頭に /ts/ が来にくいことが影響すると考えられる。Josephs(1984)は日本統治を経験した世代にのみ /z/ の無声化が起きにくいと述べているが、日本統治を経験した世代から緩やかに /z/ の消失が起こったと考えられる。JM が一部の語でお年寄りに対して［z］を使うと述べていたように、日本統治を経験した世代の影響が残ったため、/z/ が保持されたと考えられる。/z/ が一度音素として定着し始めて、その後徐々に各音環境でパラオ語の固有音素 /s/ に再統合されていったのである。

12.4.　無声歯茎破擦音［ts］

　歯茎破擦音もパラオ語に元々存在しない音素だが、こちらは全ての世代で保持されている(表 12–4)。AH が全て［ts］を発音するのは日本語の知識が影響している可能性もある。［ts］で発音されない語は、破裂音の部分がなくなり、摩擦音［s］となりパラオ語に元々ある音素 /s/ に統合される。［s］で発音された語は *tsiotsio, tsurubasi, tsitsibando, tsker, tskarer, tskarenaos* である。どの語が /s/ に統合されるかは話者によって異なるが、図 12–5 のように、これらの語は全て語頭に /ts/ がある語である。特に tsk と子音が重なる場合に、［t］が落ちて［s］で発音される傾向にあると言える。

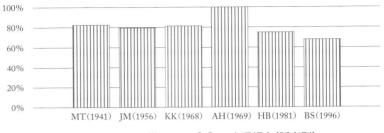

図 12-4　日本語借用語の [ts] の出現傾向（話者別）

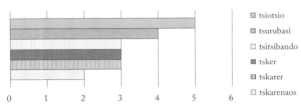

図 12-5　日本語借用語の [ts] の出現傾向（単語別）[6]

12.5. 声門閉鎖音 [ʔ]

　語頭に母音が来る日本語借用語がパラオ語に入る時、母音の前に声門閉鎖音が付加される。単語のみの発話の場合には必ず声門閉鎖音が付加されるが、文での発話の場合、他の語との連結により、いくつかの語は声門閉鎖音 [ʔ] が落ちる。文中で声門閉鎖音が脱落しない場合音素としての /ʔ/ が認められ、"ch" で綴られ(chami)、脱落する場合は音素として /ʔ/ が認められず表記されない。前述のように /o/ で始まる語の場合は声門閉鎖音 /ʔ/ が付加されない場合がある。調査結果は図 12-6 で示されるように、全ての語に声門閉鎖音を付加する話者と、一部の語には声門閉鎖音が付加されない話者が見られる。全体的な傾向として付加されることで統一されてきていると言える。なお、BS に対しての調査は、調査時間が限られていたことと、BS からうまく回答が得られなかったため、分析に適さないと考えられため、分析に含めない。
　声門閉鎖音が付加されない語がある話者は MT, JM, KK である。付加され

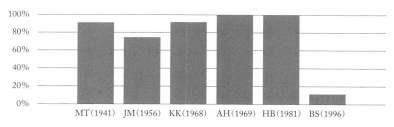

図 12-6 語頭に母音が来る日本語借用語の声門閉鎖音［ʔ］の付加率

ない語のリストは表 12-2 で示している。Josephs(1990)の記述のようにほとんど語が /o/ で始まる語である。例外として /a/ で始まる語が KK に確認された。どの語に声門閉鎖音が付加されないかは話者によって異なり、一致する部分は少ないようである（一致した語は下線で示している）。

表 12-3 では、声門閉鎖音が付加されない語を Josephs(1990)と本調査の結果で比較したものである。*choto* の一語を除き、Josephs(1990)で付加すると判断された語は本調査の被調査者も付加すると判断している。反対に、

表 12-2 声門閉鎖音が付加されない語のリスト

MT	*omukai*, <u>*oningio*</u>, *ongngak*, <u>*osime*</u>, *osiroi*, *otsuri*
JM	<u>*obong*</u>, *okamang*, *okane*, *okasi*, *okiak*, *okura*, *omiange*, *omoidas*, *omosiroi*, *omotsia*, *omukai*, <u>*oningio*</u>, *ongngak*, <u>*osime*</u>, *osier*, *oto*
KK	*aizu*, *aker*, *isogasi*, <u>*obong*</u>

表 12-3 本調査と Josephs(1990)の収録語に見る声門閉鎖音付加の有無の比較

Josephs(1990)の綴り	被調査者間の変異
chos	*chos*
chosarai	*chosarai*
chosiruko	*chosiruko*
chosoroi	*chosoroi*
chotemba	*chotemba*
choto	*choto/oto*
okane	*okane/chokane*
omiange	*omiange/chomiange*
oningio	*oningio/choningio*
oni	*oni/choni*
osime	*osime/chosime*

Josephs（1990）で付加しないと判断された語は、被調査者には付加すると判断される場合がある。つまりこの例からも、声門閉鎖音が付加する場合と付加されない場合の区別の規則が作成された後に、全ての語に声門閉鎖音が付加される傾向になりつつあることが指摘できる。

12.6. 歯茎鼻音［n］

　パラオ語には元々鼻音は /m/ と /ng/ のみしか存在せず、/ng/ の異音として［n］が表出することがある。日本語借用語から音素 /n/ が入り、/n/ と /ng/ のミニマルペアが成立した（*nas* and *ngas*）。10.4.2. で見たように、［n］はパラオ語固有の語には、母音の前、語末には表れないが、Josephs（1990）の綴りから、*nappa, nas, kasorin* のように日本語借用語には見られる。調査の結果として、全ての話者が日本語借用語で母音の前に来る /n/ は保持され *nappa* =［nappa］、語末の /n/ は［ng］となっている *kasorin* =［kasoriŋ］[7]。

12.7. 声門摩擦音［h］、両唇（唇歯）摩擦音［ɸ］

　音素 /h/ は借用語からパラオ語の音韻体系に入った。日本語の場合も、例外として「飛行機」が *skoki* のように /s/ に統合されている例を除き、［h］が使用されている。調査の結果、作成された音素 /h/ は全ての世代で保持されていることがわかった。両唇摩擦音［ɸ］も音素 /h/ の一部としては日本語から入り、こちらも全ての世代で保持されている。

12.8. 長母音及び二重母音

　前述のように日本語借用語の長母音はパラオ語に入る中で短母音化する場合が見られる。この様な短母音化は、本来長母音で発音されていた語にも広がりつつある。逆に短母音が長母音化・二重母音化する例も見られる。それらの語の世代変化をまとめて表 12–4 に示す。変化が見られたのは、「おい

しい *choisii*」、「苦しい *kurusii*」、「寂しい *saibsii*」、「忙しい *isongasii*」、「薄い *chusui*」、「応援 *oeng*」である。「写す *chutsus*」は Josephs(1990)に二種類の綴り（発音）の記載(chuts(i)us)が見られるが、認知度が低く、世代変化は確認できていない。前述の Palau Language Commission(2016)では、*chusius* という綴りが確認されている。

若い世代の間では *choisii, kurusii, sabisii, isogasii* が短母音化されている。特に BS は全てが短母音化しているようである。同時に *chusui* は短母音が長母音化(*chusuii*)している。この例は HB のみの使用でなく他にも広がっているようであり、Palau Language Commission が作成した借用語のリスト(Palau Language Commission 2016)でも作成過程で一時 *chusuii* と綴られていた。つまり、日本語借用語の長短の区別が失われつつあり全体としては長母音が短母音化する方向で変化が進んでいると言える。

また、短母音が連母音化する現象も見られる。応援 *oeng* は前述のように長母音が短母音化した例だが、若い世代で oieng と母音の付加が起き、二重母音化している。いずれのケースも日本語借用語が原語に近い形でパラオ語に入った後に、時間をかけてパラオ語の音韻規則に統合される過程にあることを示している。日本語話者の減少とともに起こる規範の消失が一因となっ

表 12-4　日本語借用語の母音の長短及び二重母音の変化 [8]

（網掛けが新たな変異を示す）

BS	HB	AH	KK	JM	MT
choisi		*choisii*			*choisii*
	kurusii	*kurusii*	*kurusi*	*kurusii*	*kurusii*
	osii	*osii*	*osii*	*osii*	*osii*
sabisi	*sabisi*	*sabisii*	*saibisi*	*sabisii*	*sabisii*
isongasi	*isongasi*	*isongasii*	*isongasi*	*isongasii*	
	chusuii		*chusui*	*chusui*	*chusui*
oieng	*oieng*	*oeng*	*oeng*	*oeng*	*oeng*
		chutsus			*chutsus*

ているのであろう。

12.9.　その他

　その他 Josephs（1990）には二つの変異が見られると考えられる語 *dents*（*i*）, *teb*（*u*）*kuro, mats*（*i*）, *nangas/nakas* がある。これらの項目に関して同様の調査を行ったところ、全ての話者が一致した発音であり、［dentsi］,［tɛbkuro］,［mats］,［naŋas］であった。また、他に BS は *chatter* を *chakter*［ʔakter］と発音し、その他の若い世代にも同様の変化があることが確認できた。

12.10.　まとめ

　日本語借用語はパラオ語の音韻体系に新たな音素や音韻規則をもたらした。しかし、戦後 70 年以上経つ中でそれらは失われつつあり、再度元のパラオ語の音韻体系に組み込まれる形で変化を遂げている。唯一全世代に残る影響として、［ts］が見られるが、今後も影響が薄れていく可能性もあるだろう。またその他にも世代間で発音が異なる語も見られ、今後もいくつかの日本語借用語の音は、パラオ語独自に変化をしていく可能性もある。

注

1　AH は分析能力に優れ、調査の中で「それは日本語で、パラオ語の中ではそういう使われ方をしない」などのようなコメントが得られ、日本語の影響がある場合は意識できていることが確認できた。
2　前述のように、綴りも z と j のバリエーションが存在した（する）ことから、また英語で二つの音の区別が必要なことから、パラオ人の認識も異なると考えられる。
3　日本語の音と同様に Josephs（1979, 1990）は /s/ は［s］と［ʃ］の中間的な音であると述べていることから有声音の［ʥ］、［ʤ］も同様の認識である可能性も高い。
4　*Asi* と *Azi* は同音衝突の唯一の例であった。

第 12 章　日本語借用語の音韻規則の変化　163

5　JM は有声音、無声音の両方の発音を使うと述べた語もあり、その場合は 0.5 とカウントしている。それらの日本語世代に対しては有声音を使うと述べており、日本語世代は規範的な発音を保持しようとしていたことがうかがえる。

6　*Tsiotsio*, *tsitsibando* と /ts/ が 2 度続く語があるが文中の /ts/ は全て、［ts］で発音される。

7　Josephs（1990）が *kasorin* と綴ったのは単なる間違いの可能性もある。*kasoring* と綴られるべきであろう。

8　表の空欄は話者の使用語彙でないためのデータ欠損である。AH は日本語が話せるため、短母音化が起きなかったと考えられる。

第 13 章　旧南洋群島の諸語における　日本語借用語との比較

　ここでパラオ語における日本語借用語を他の旧南洋地域の言語と比較する。一つの言語において日本語借用語を考察するのではなく、旧南洋群島全体の影響として、日本語借用語を包括的に整理、分類、考察することで、当時の日本統治の文化的影響による現地文化の変化の一端を示すことができると考えられる。また、比較考察からパラオ独自の特徴が浮き彫りになる。

13.1.　比較の重要性及び方法

　これまで筆者らは、パラオ語のほかにチューク語・ヤップ語において日本語借用語の収集・整理、戦後の変化の調査・考察を行ってきた。本節では、それらを用いながら比較考察を行っていく。考察に当たっては、由井（1999a, 1999b, 1999c, 2000a, 2000b, 2001）で整理されている分類を使う。由井（前掲）では辞書資料より、旧南洋群島の各言語における日本語借用語を、対照表をもとに整理している。しかし、由井（前掲）が参考にしている辞書資料の完成度は言語によって異なり、漏れが多いのも事実である。本稿で比較する 3 言語においては、一つの言語で存在する日本語借用語がその他の言語にも存在するかを確かめている。その対応を中心に比較をしていく。

　同じ南洋庁の管轄下に置かれていた地域でも、個々の状況は、島によっては大きな差が見られた。日本統治の間、チュークに住む日本人住民が数千人に上ったが、絶対数にしても、割合にしてもサイパンやパラオに比べて少なかった（図 13–1、図 13–2）。その反面、「島民」と呼ばれていた現地人が最

も多かったのはチューク(トラック)であった(図13-3)。三つの図はPeattie (1988)に基づいて作成したものである。

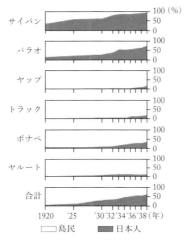

図 13-1　南洋庁における民族の割合　　図 13-2　南洋庁の日本人人口

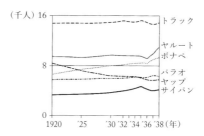

図 13-3　南洋庁の現地民人口

　日本人との接触の少なさもあって、パラオ語に比べてチューク語やヤップ語における日本語の影響は薄い(表13-1)。現在把握しているパラオ語に入った日本語起源借用語の数は974語であるのに対して、ヤップ語は246語で、チュークは347語である。

第 13 章　旧南洋群島の諸語における日本語借用語との比較　167

表 13-1　日本語借用語の数の比較 [1]

	パラオ語	ヤップ語	チューク語
計	974	246	347

13.2.　品詞別に見る日本語借用語の比較

　表 13-2 に示すように、パラオ語は日本語借用語の数が多いだけでなく、品詞に様々なものが見られるのが特徴である。ヤップ語とチューク語は名詞中心で他の品詞はほとんど見られない。副詞に限っては、パラオ語にしか見られない。副詞は借用語として入りにくい品詞であるが、パラオ語では、*daitai*(だいたい)、*dostemo*(どうしても)などが今でも使われている。

　形容詞についてはヤップ語には *kiich*「気違い」、*haantay*「反対」などが使われているが、それでのパラオ語の数と比べると非常に少ない。パラオ語は *chaiter*「空いている」、*komakai*「細かい」など様々な形容詞が見られる。

　チューク語には比較的多くの動詞が見られるが、これは日本語の名詞にチューク語の機能形態素がついたものか、日本語の名詞が品詞転換して動詞になったものである(例 *chorikúuni*「上陸する」、*pengkiyo*「勉強する」)。ヤップ語でも見られる派生語は、*chiyuusaa naag*「注射する」など名詞である借用語に機能形態素がついた形である(*haayruq*「入る」という動詞が辞書に載っているが、使われていない)。なお、パラオ語の動詞は機能形態素がついた派生系以外にも日本語の動詞がそのまま入っているものも、多く見られる(*chabarer*「暴れる」、*chaiamar*「謝る」など)。

　定型表現としては、チューク語では *ikkang*「一巻の終わり」(陣取りゲームで使われる)が使われるのみである。ヤップ語は、*konoyaro*「この野郎！」、*kitanai*「汚い！」(叙述形容詞としては使われない)、などが見られる。パラオ語は、*iorosk*「よろしく」、*omodeto*「おめでとう」などの他に、形容詞を重ねて作った、畳語の幼児語が見られる(*nainai*「ないない」、*taitai*「たいたい」)。

　全体として様々な品詞の日本語借用語がパラオ語に多いのは、日本人人口

が多く、日本語でのコミュニケーションが多かった言語接触環境の結果として、より深いレベルでの借用が起こったことに他ならない[2]。

表 13–2　品詞別の日本語借用語の数の比較[3]

	パラオ語	ヤップ語	チューク語
名詞	711	233	326
形容詞	90	5	1
副詞	10	0	0
動詞	124	3	18
定型表現	21	6	2
計	956	247	347

13.3.　戦後の変化に見る日本語借用語の比較

　次に、それぞれの言語での日本語借用語の維持率を比較していく。表13–3 のように、辞書に記載されている語の内、どの語が実際に使用されているかを比較してみた。パラオ語は、戦後のアメリカ統治による英語の影響や、日本語を理解した世代が、臨時借用語的に使用し、定着しなかった語があったことが要因で、日本語借用語の使用が世代と比例して少なくなっている。ヤップ語、チューク語の方が、借用語の保持数が多いのは、日本語を解した世代の臨時借用語の使用がパラオに比べて少なかったことが原因ではないかと考えられる[4]。南洋庁が置かれ、日本人人口が多かったパラオの方が、相対的に日本語能力が高かったため、借用語の数が相対的に多く、取り入れられたが定着しなかった語が多かったのだと考えられる。ヤップ語での維持率が高いのは、辞書に記載されていないが、収集できた語の総語数に占める割合が高いことが一つの理由でもある。

第 13 章　旧南洋群島の諸語における日本語借用語との比較　169

表 13-3　3 言語の借用語の維持率[5]

	パラオ語	ヤップ語	チューク語
調査語彙数	880	246	298
使用数	473(53.8%)	188(76.4%)	183(61.4%)

　また、表 13-4, 13-5 で 3 言語で、運動、食に関する語の比較をした。表
13-5 のように運動に関する語はヤップ語ではほとんど見られない。唯一見
られるのが、*yaekyuu, kumi* である。ヤップにおいて野球は盛んでないため、
ほとんどその語も使われないという。パラオ語とチューク語でも「試合」や
「運動」などの一般的な概念は使われるが、辞書に載っている個別競技の名
前などは、ほとんど使われなくなっている。ミクロネシア全体が日本統治か
らアメリカ統治に変わる中で学校や青年団などのスポーツ行事がそのまま受
け継がれることなく、そのような慣習の断絶が原因であろう。学校・医療に
関する日本語借用語も同様の理由で使われるものが少ないようである。

表 13-4　各言語の運動に関する日本語借用語の比較

日本語	パラオ語	ヤップ語	チューク語
野球	*iakiu*	*yaekuyuu*	*iyakiyu*
組	*kumi*	*kumii*	*kkumi*
練習	*rensiu*	—	*rensu*
試合	*sichai*	—	*siai*
運動	*chundo*	—	—

　一方、組織に依存しない家庭における習慣に関する語に関しては定着して
いる。表 13-5 は食に関する語で共通して使われるものの一覧である。作物
の計画的な栽培からはじまり、現地人に根付いた日本的な料理や食生活は、
戦後も変わらない部分が大きい。これらは各島の小売店やスーパーなどで並
ぶ食品を見てもすぐにわかる。全体として、ヤップ語よりもチューク語、
チューク語よりもパラオ語のほうが食に関する語が多い(ヤップ語にない語

では「ラッキョウ」「小豆」「お汁粉」「鰹節」などがある。同時に、ある地域にしか存在しない語よりも、共通して存在する語のほうが多い。

表 13–5　3 言語の食に関する日本語借用語の比較

日本語	パラオ語	ヤップ語	チューク語
野菜	*iasai*	*yasaey*	*iyasay*
きゅうり	*kiuri*	*kuyuurii*	*kuuri*
ねぎ	*nengi*	*neegii*	*nengi*
たまねぎ	*tamanengi*	*tamaanegii*	*tamaningi*
冬瓜	*tongang*	*togang*	*tookang*
なす	*nas*	*naes*	*nasu*
菜っ葉	*nappa*	*naappaa*	*napwpwa*
米	—	*koomey*	—
味の素	*azinomoto*	*aji*	*ajinomoto*
お菓子	*okasi*	*qoekaes*	*wokasi*
アンパン	*angpang*	*angpang*	—
沢庵	*takuang*	*taakwang*	*rakuwang*
弁当	*bento*	*bento*	*obento*
カレー	*kare*	*kaerii*	*kare*
うどん	*udong*	*qudong*	*wutong*
ラーメン	*rameng*	*ramen*	*raamen*
さしみ	*sasimi*	*saasmiq*	*sasimi*
てんぷら	*tempura*	*teempraa*	*tempura*

　食生活と同様に、日用品・衣服・交通手段・家屋・建築など、日本統治による近代化によってもたらされた物に関する日本語借用語も多くが 3 言語に共通して保持されている。

第 13 章　旧南洋群島の諸語における日本語借用語との比較　171

13.4.　派生語に見る日本語借用語の比較

　日本語借用語がそれぞれに取り入れられた後、形態素がついて派生語が作られる。この点も三つの言語に共通している（表 13–6）。チューク語では、目的語との関係を表す形態素である *ni* がついた語、相互に影響することを意味する形態素 *ffengen* が付属した派生語が見られる。ヤップ語では、「～する」を意味する形態素 *naag* がついた派生語が見られる。「～する」を意味する形態素からの派生はパラオ語にも *ou* が見られ、相互に影響することを意味する形態素からの派生も *kau* に見られる。派生語の生成にはある程度の共通点があることがわかるが、パラオ語における派生語は、チューク語やヤッ

表 13–6　日本語借用語につく派生語の種類

	パラオ語	ヤップ語	チューク語
形態素	ou-（自動詞） kau-（し合う） menge-（他動詞） mecheche（能格動詞） che-（名詞化） chache-（し合う） chel-（結果状態動詞）	-naag（他動詞）	-ni（他動詞） -ffengen（し合う）
例	ou-asi kau-mondai menge-simer mecheche-simer che-simer chache-simer chel-simer	boozu-naag seenseey-naag chiyuusaa-naag	choosa-ni tawasii-ni iyakiyu-ffengen
意味	歩いている 争いあう 閉める 閉めやすい ドア ブロックし合う 閉じ込まれている	坊主にする 先生する（教える） 予防注射を打つ	（何かを）調査する （何かを）たわしでこする （一緒に）野球をする

プ語の派生語より多くの種類が見られる。また、種類だけでなく、単語数に
してもパラオ語はチューク語、ヤップ語よりも多いことがわかる（表
13–7）。この点でも借用が深いレベルで起こっていることが指摘できる。

表 13–7　主要な形態素（ou-, -ni, -naag）による派生語の延べ数

パラオ語	ヤップ語	チューク語
ou-asi	boozu-naag	choosa-ni
ou-bakutsi	chiyuusaa-naag	choorikúú-ni
ou-chosarai	chuumoong-naag	kkama-ni
ou-dengua	seenseey-naag	osiroy-ni
ou-dokurits		pachingkoo-ni
ou-hanahuda		pansookoo-ni
ou-heia		rapwpwaa-ni
ou-aikiu		sensey-ni
ou-katai		siasing-i
ou-katsudo		sootooku-ni
ou-kaua		tawasi-ini
ou-mangnga		tayikú-úni
ou-mondai		tayiya-ani
ou-oni		wootay-ini
ou-sasimi		
ou-sibai		
ou-sidosia		
ou-simang		
ou-skeng		
ou-stangi		
ou-sunga		
ou-tabi		
ou-takai		
ou-tebanas		
ou-teib		
ou-ziangkempo		
ou-zori		

第 13 章　旧南洋群島の諸語における日本語借用語との比較　173

13.5.　まとめ

　本章ではパラオ語における日本語借用語を、チューク語、ヤップ語に関する調査から得たデータと比較してきた。日本統治時代における日本人人口の差と、交流の密度の差から借用語の数に差が見られるが、共通して使われる語も多く、日本統治の影響が似通う形で残っていることを指摘した。同時にパラオにおける日本語借用語は、派生語の形成が他の言語に比べて進んでいること、また様々な品詞の借用語が見られることから、他の二言語よりも、借用が深いレベルで進んでいることを指摘した。今後は、共通して使用される日本語借用語と、各言語のみで使用される日本語借用語が存在する背景を、日本人との交流の差以外の歴史的・社会的な理由から考察する必要がある。それによって、日本統治が各島に与えた影響をより鮮明に明らかにすることが可能となる。

注
1　複数品詞がある語は、代表的なものは品詞を選んで計算した。各島での調査回数の差や、辞書間の収録語彙数の相違などがあり、単純な比較ができない面は少なからずある。しかし、これまでの調査経験から、それぞれの数が大幅に変わることはないと考えている。
2　この点に関しては、Matsumoto(2010)でも同様の指摘がされている。
3　複数品詞がある語は、代表的なものは品詞を選んで計算した。
4　何をもって臨時借用語とするかは非常に難しいが、少なくとも日本語を理解する者は積極的に日本語借用語を取り入れていただろう。これは近年の日本語における英語借用語の増加を考えるとわかる。そのような借用語は戦後、日本語を使われないために定着しないと考えられる。
5　表 13–2 と語の数が異なるのは、収集できた借用語の数と、維持状況を調査できた数が違うからである。

第14章 総論

　本書ではパラオにおいて様々な形で残る日本語を諸相を明らかにしてきた。以下その概要をまとめ、今後の展望を記していく。

　第2章ではパラオの日本統治の概要を日本語の影響という観点からまとめた。パラオは日本統治までに他国の統治を受けていたが、社会的・言語的な影響という点では日本統治の比ではなかった。日本統治の中で教育や社会構造の変化が起き、物質的、精神的な文化の影響を多大に受け、それらを表す日本語はパラオ語に入り込んだ。また、日本統治下でパラオ人児童は、学校教育や練習生制度により日本語を第二言語として、教室学習・自然習得してきた。戦語は日本語の使用は激減するも、リンガフランカとして、また内緒話などにも用いられ、維持されていった。

　第3章以降ではそれらの背景から残る日本語の影響を詳細に記述・分析していった。第3章ではパラオにおいて残る日本地名について記述・考察を行った。日本地名は、(1)日本統治時代に作られた村の呼称、(2)日本統治時代に建築された建物などがランドマークになり地名に転じたもの、(3)一般名称から転じた固有名、(4)現地の地名が日本的に発音されるもの、といった形で見られる。

　第4章では、パラオにおける日本名について記述・考察した。日本統治時代に姓の使用が慣習となり始め、名にも日本名の使用が広まった。戦後に英語名に移行する中でも姓を中心に日本名が維持されてきた。現在もパラオにおける人名の20%弱に日本名が確認される。その特徴として、姓名区別が希薄化した日本名、敬称 "sang" の名前の一部としての統合、綴りの統合、

日本では見られない擬似日本名の使用が見られる。

　第5章では、パラオ人青年層日本語学習者の日本語を記述し、第6章では戦前に日本語習得したパラオ人の特徴の記述と比較考察を行った。その結果、両者には共通点も見られるが、大きく異なる点が確認された。青年層の日本語は一般的な日本語習得者として目標言語である日本語の規範に従う中、母語の影響など習得過程での中間言語的な特徴を見せる。対して残存日本語話者は第二言語である日本語の規範を発展させる形で、文法的・語彙的な誤用が見られた。

　第7章では、日本統治を経験したパラオ人によるパラオ語の片仮名表記について分析した。パラオ語と日本語は当然異なる音韻体系を持つため、書き表すパラオ語の音や音節構造に対して、対応する完全に対応する仮名がない場合がある。その場合は、インフォーマントが独自のルールを作るとともに、場合によっては表記にゆれが見られるようである。中舌母音［ə］、閉音節、二重母音・長音・促音、その他日本語にない音素(/ŋ/, /ʔ/, /l/ と /r/)の表記の規則を分析し、パラオ語の片仮名表記の体系を記述した。

　第8章ではパラオのその他の地域とは異なる社会言語学的な環境であった、アンガウル島において話されるアンガウル日本語(AJ)の記述・考察を行った。戦後も日本人が居住していたアンガウル島では、残存日本語話者からその下の世代に日本語が伝わり、「準ピジン」とも呼べる日本語の変種が生まれている。それは他の接触言語変種の類のいずれにも当てはまらないという点を論じた。

　第9章では、アンガウル島において日本語が公用語と制定されている点について、資料調査、インタビュー調査からの考察を行った。憲法制定当時のアンガウル島の環境では、アメリカ統治下での英語使用と同様に日本語使用が自然であった。したがって本論では、公用語への選定に特別な理由がなかったことが、逆に日本語公用語指定に結びついたと結論づけた。

　第10章以降では、パラオ語における日本語借用語について記述・分析を行った。様々なソースから収集した日本語借用語は1,000語弱であり、パラオ語の重要な一部をなしている。日本語借用語はパラオ語に入る過程で音

韻・意味・文法の観点から様々な変化を遂げている。第 10 章では、日本語借用語の数・綴り・音韻・意味・文法などの考察を行った。

第 11 章では、異なる世代のパラオ語母語話者 6 名に対して日本語借用語の使用状況を調べた。結果、日本語借用語の使用語数は、戦前世代（高年層）から青・中年層、青・中年層から若年層にかけて段階的に減少していることがわかった。要因として、A)経験の差により、若年層の絶対的な語彙量が少ないこと、B)高年層が日本語を解したことにより日本語借用語を多く使用していたが、その高年層と接触する機会は概して年齢が下がるほど少なくなること、C)戦後から続く英語からの影響が増し続けていること、を指摘した。

第 12 章では、同様の世代変化を音韻変化に着目して記述した。異なる世代の 6 人のパラオ人に対する調査から、日本語から入った音素 /h/, /p/, /f/ は保持され、音素 /z/ と長母音の区別の衰退、一部 /ts/ の発音の変化、/ʔ/ の付加規則の変化が起こっていることが明らかになった。

第 13 章では、日本語借用語の特徴をより深く浮き彫りにするために、旧南洋群島のミクロネシアの多言語との比較考察を行った。品詞別の借用語の数の比較、派生語の比較などから、パラオ語にはミクロネシア地域の他の言語より深く日本語借用語が根付いていることがわかった。

以上のように本書では、パラオにおける日本語の諸相を明らかにしようと試みた。日本語の影響が残る点に関してはなるべく丁寧に記述しようと試みたが、至らないところもあるだろう。また、残存日本語の分析やパラオ語の片仮名表記に関しては、少ないインフォーマントのケーススタディである。インフォーマントの数が拡大できれば、より深い考察が可能になると考えられる。借用語の意味に関しても話者間の変異が見られる点など、考察が進められていない点も数ある。逆に言えば、まだまだパラオの日本語に関しては明らかにすべきことが残っているということである。今後も研究を深めていきたい。

参考文献

荒井利子(2015)『日本を愛した植民地　南洋パラオの真実』新潮新書

今村圭介(2012)「在日ドイツ人学校生徒の言語使用」『日本語研究』32: 131–144 首都
　　大学東京

大関浩美(2008a)『第一言語・第二言語習得における日本語名詞修飾節の習得過程』
　　くろしお出版

大関浩美(2008b)「学習者は形式と意味機能をどのように結び付けていくか—初級学
　　習者の条件表現の習得プロセスに関する事例研究—」『第二言語としての日本
　　語の習得研究』11: 122–140 第二言語習得研究会

大橋理恵、ダニエル・ロング(2011)『日本語からたどる文化』放送大学教育振興会

奥野由紀子(2005)『第二言語習得過程における言語転移の研究—日本語学習による
　　「の」の過剰使用を対象に』風間書房

小野浩司(1997)「外来語の促音化について—小野(1991)・川越(1995)を中心に—」『佐
　　賀大学文化教育　学部研究論文集』2(1): 215–226

カイザー、シュテファン(2005)「Exercises in the Yokohama Dialect と横浜ダイアレク
　　ト」『日本語の研究』1(1): 35–50

我部政明(1982)「日本のミクロネシア占領と「南進」—軍政期(一九一四年から
　　一九二二年)を中心として—」『法学研究』55(8): 1019–1039 慶應義塾大学法学
　　研究会

簡月真(2011)『台湾に渡った日本語の現在—リンガフランカとしての姿—』明治書院

小金丸春美(1990)「作文における『のだ』の誤用例分析」『日本語教育』71: 182–196

小林茂子(2016)『海外移住資料館　研究紀要』10: 63–74

桜井隆(2012)「満州ピジン中国語と協和語」『明海日本語』17: 1–15 明海大学

真田信治(1996a)「チューク語(ミクロネシア)における日本語からの借用語」『言語学
　　林 1995–1996』三省堂

真田信治(1996b)「一型アクセントとしてのチューク語—ミクロネシアでの言語調査
　　から—」『日本語研究諸領域の視点　上巻』明治書院

真田信治(1997)「コスラエ語(ミクロネシア)における日本語からの伝播語の音的特
　　徴」『日本語の歴史地理構造』明治書院

真田信治(2002)「ポナペ語における日本語からの借用語の位相—ミクロネシアでの現
　　地調査から—」『国語論究 9 現代の位相研究』明治書院

真田信治(2007)『方言は気持ちを伝える』岩波ジュニア新書

真田信治(2009)『越境した日本語―話者の「語り」から―』和泉書院

真田信治・簡月真(2008)「台湾における日本語クレオールについて」『日本語の研究』4(2): 69–76

渋谷勝己(1999)「ミクロネシアに残る日本語②―パラオの場合―」『月刊言語』28–6: 76–79

渋谷勝己(2001)「パラオに残存する日本語の実態―報告書・序章―」『環太平洋地域に残存する日本語の諸相1「環太平洋の言語」報告書A4–005』81–96

鈴木重幸(1978)『日本語文法・形態論』むぎ書房

石剛(2005)『日本の植民地言語政策研究』明石書店

寺村秀夫(1992)『寺村秀夫論文集I―日本語文法編―』くろしお出版

特定非営利活動法人　愛未来(2012)『平成24年度さが国際農村女性フォーラム活動報告書』https://aimirai.jimdo.com/

南洋庁編(1934)『第二回南洋庁統計年鑑』南洋庁、昭和9年

中島敦(1976)『中島敦全集』筑摩書房

中島敦(2002)『中島敦全集3』筑摩書房

ピーティ・マーク(2012)『植民地　20世紀日本　帝国50年の興亡』浅野豊美訳　慈学社

樋口靖(2012)「領台初期の台湾語教学(一)」『文学部紀要』25(2): 23–40 文教大学

洪瑟君(2012)「昭和作家の〈南洋行〉」『台大日本語文研究』24: 129–148 國立臺灣大學日本語文學系

松岡静雄(1930)『パラウ語研究』郷土研究社

三田牧(2008)「想起される植民地経験―「島民」と「皇民」をめぐるパラオ人の語り―」『国立民族学博物館研究報告』33(1): 81–133

三田牧(2011)「まなざしの呪縛：日本統治時代パラオにおける「島民」と「沖縄人」をめぐって」『コンタクト・ゾーン＝Contact zone』4: 138–162

峯布由紀・高橋薫・黒滝真理子・大島弥生(2002)「日本語文末表現習得の一考察―自然習得者と教室習得者の事例をもとに―」『第二言語としての日本語の自然習得の可能性と限界』科学研究費補助金研究報告書 pp.64–85

宮脇弘幸(監修)(2006)『南洋群島國語讀本』大空社

森岡純子(2006)「パラオにおける戦前日本語教育とその影響―戦前日本語教育を受けたパラオ人の聞きとり調査から―」『立命館法学別冊　山口幸二教授退職記念論集ことばとそのひろがり』331–397

山上博信(2012)「パラオ共和国アンガウル州憲法で『日本語』が公用語の一つとされた事情」移民政策学会2012年度冬季大会
http://iminseisaku.org/top/conference/121208_yamagami.pdf

安田敏朗(1997)『帝国日本の言語編制』世織書房

由井紀久子(1996)「旧ヤップ公学校卒業生の日本語談話能力―訂正過程についての一考察―」『阪大日本語研究』8: 73–85

由井紀久子(1998a)「パラオ語に受容された日本語を起点とする借用語」『京都外国語大学研究論叢』51: 310–329

由井紀久子(1998b)「旧南洋諸島における日本語教育の諸問題」『無差』5: 77–98

由井紀久子(1999a)「パラオ語の感覚語彙と日本語からの借用語」『無差』6: 105–120

由井紀久子(1999b)「ミクロネシア諸語に取り込まれた借用語対照表1」『京都外国語大学研究論叢』52: 137–167

由井紀久子(1999c)「ミクロネシア諸語に取り込まれた借用語対照表2」『京都外国語大学研究論叢』53: 147–167

由井紀久子(2000a)「ミクロネシア諸語に取り込まれた借用語対照表3」『京都外国語大学研究論叢』54: 171–191

由井紀久子(2000b)「ミクロネシア諸語に取り込まれた借用語対照表4」『京都外国語大学研究論叢』55: 321–335

由井紀久子(2001)「ミクロネシア諸語に取り込まれた借用語対照表5」『京都外国語大学研究論叢』56: 327–331

林美秀(2008)「日本統治時代における台湾語仮名表記の変化過程―「オ」「ヲ」表記の分析を通して―」『岡山大学大学院社会文化科学研究化紀要』25: 77–92 岡山大学

ロング・ダニエル、斎藤敬太、Tmodrang Masaharu(2015)「パラオ語で使われている日本語起源借用語」『人文学報』503: 61–84 首都大学東京

ロング・ダニエル、新井正人(2012)『マリアナ諸島に残存する日本語』明治書院

Arnow, Ted(1961) "Effects of Phosphate Mining on the Ground Water of Angaur, Palau Islands Trust Territory of the Pacific Islands" *Contributions to the Hydrology of Asia and Oceania; Geological Survey Water-supply Paper 1608-A.* Washington, DC: U. S. Gov. Printing Office.

Ash, Karen(2003) *Japanese and English within Palauan.* Unpblished retrieved at: http://tekinged.com/misc/pdf.php?file=ash

Auer, Peter(2007) "The Pragmatics of Codeswitching: A Sequential Approach." In Li Wei(ed). *The Bilingualism Reader.* London: Routledge, 123–138.

Bible Society of Micronesia(2004) Chedaol Biblia, 2004 Edition.

Blailes, Theodosia F.(1990) *Palauan Revised Orthography Manual*, Bureau of Education.

Davis, James E. & Diane Hart(2002) *Government of Palau: A Nation that honors its Traditions.* Koror: Ministry of Education.

Emesiochl, Masa-aki(1990) Palauan Orthography and dictionary. In *Vernacular language symposium on new and developing orthography in Micronesia* 16–18, University of

Guam Press.

Engelberg, Stefan(2006) The Influence of German on the Lexicon of Palauan and Kosraean. *Selected Papers from the 2005 Conference of the Australian Linguistic Society*, 1–20.

Etpison, Mandy Thijssen(2004) *Palau Cultural History*. Koror: Tkel Corporation.

Fabricius, Gábor(2011) *Palauan-Japanese*, http://weblog.naruhodo.com/index. html?blog=53

Goodenough, Ward H. and Hiroshi Sugita(1980) *Trukese-English Dictionary*, The American Philosophical Society.

Hayashi, Brenda(1995) Second Language Maintenance: the case of Japanese negation in Pohnpei『人文科学論叢』(宮城学院女子大学)4: 107–123.

Hayashi, Brenda(1999) Testing the regression hypothesis: the remains of the Japanese negation system in Micronesia. In Lynne Hansen, ed. *Second Language Attrition in Japanese Contexts*. Oxford University Press, 154–168.

International Information and Networking Centre for Intangible Cultural Heritage in the Asia-Pacific Region under the auspices of UNESCO(2012) *2012 field survey report*, Intangible Cultural Heritage Safeguarding Efforts in the Asia-Pacific.

Josephs, Lewis(1975) *Palauan Reference Grammar*, The University Press of Hawaii.

Josephs, Lewis(1979a) The Influence of Japanese in Palauan, *Papers in Japanese Linguistics*, Vol. 6 pp.145–176.

Josephs, Lewis(1979b) The Impact of borrowing on Palauan, In Bender, Byron B(ed.) *Studies in Micronesian Linsuistics*, Linguistic Circle of Canberra 81: 123.

Josephs, Lewis(1984) The impact of borrowing on Palauan. In Byron Bender(ed.), *Studies in Micronesian Linguistics*, pp.81–123.

Josephs, Lewis(1990) *New Palauan-English Dictionary*, University of Hawaiʻi Press.

Josephs, Lewis(1997) *Handbook of Palauan Grammar*, Bureau of curriculum & instruction Ministry of education Palau.

Kachru, B.(1992) *World Englishes: Approaches, issues and resources*. Language Teaching. 25.1–14.

Kloulechad-Singeo, A.(2011) *Cultural Mapping–Republic of Palau,* the Secretariat of the Pacific Community on behalf of the Ministry of Culture and Community Affairs, Government of the Republic of Palau.

Labov, William(1972) *Sociolinguistic Patterns,* Philadelphia: University of Pennsylvania Press.

Long, D. & Imamura, K.(2013) *The Japanese language in Palau*. National Institute for Japanese Language and Linguistics

Lynch, John (1998) *Pacific Languages: An introduction*, Hawaii University Press.

Matsumoto, Kazuko (2001a) A social network study of language shift and maintenance in a multilingual Micronesian society. *Essex Graduate Student Papers in Language and Linguistics* 3: 105–132.

Matsumoto, Kazuko (2001b) Multilingualism in Palau: Language contact with Japanese and English. In T. E. McAuley (Ed.) *Language Change in East Asia*. London: Curzon Press, 84–142.

Matsumoto, Kazuko (2002) Japanese dialect contact and death in the Republic of Palau. *Book of Research Projects: University of Oxford Workshop on Japanese Linguistics Part 13*: 1–18. University of Oxford.

Matsumoto, Kazuko (2010) The Role of Social Networks in the Post-Colonial Multilingual Island of Palau: Mechanisms of Language Maintenance and Shift. *Multilingua: Journal of Cross-Cultural and Interlanguage Communication*, 29–2: 133–165.

Matsumoto, Kazuko and David Britain (2000) Hegemonic diglossia and pickled radish: symbolic domination and resistance in the trilingual Republic of Palau. *Essex research reports in linguistics* 29: 1–37.

Matsumoto, Kazuko and David Britain (2001) Conservative and innovative behaviour by female speakers in a multilingual Micronesian society. *Essex Research Reports in Linguistics* 38: 80–106.

Matsumoto, Kazuko and David Britain (2003a) Language choice and cultural hegemony in the Western Pacific: Linguistic symbols of domination and resistance in the Republic of Palau. In Daniel Nelson and Mijana Dedaic (eds.) *At war with words*. Berlin: Mouton, 315–357.

Matsumoto, Kazuko and David Britain (2003b) Investigating the sociolinguistic gender paradox in a multilingual community: A case study from the Republic of Palau, *International Journal of Bilingualism* 7.2: 127–152.

Matsumoto, Kazuko and David Britain (2003c) Contact and obsolescence in a diaspora variety of Japanese: The case of Palau in Micronesia. *Essex Research Reports in Linguistics* 44: 38–75.

Matsumoto, Kazuko and David Britain (2012) Palauan English as a newly emerging postcolonial variety in the Pacific, *Language, Information, Text* 19, pp.137–167.

McManus, Edwin (1968) *Grammar and Dictionary, Palau-English English-Palau,* retrieved at: http://tekinged.com/misc/pdf.php?file=68mcmanus

Mita, Maki (2009) *Palauan Children under Japanese Rule: Their Oral Histories.* Osaka: National Museum of Ethnology.

Miyagi, Kimi (2000) Japanese loanwords in Pohnpeian: adaptation and attrition. Japanese

Linguistics『日本語科学』7: 114–132.

Miyajima, Tatsuo (1998) "Linguistic consideration of the Micronesian ways of life during the Japanese occupation." In Toki (1998), 15–24.

Ngarchelong State Government. no date (obtained 2013). *Experiencing Ngarchelong Culture & History*. Palau Conservation Society.

Ngardmau State Government. (accessed 2013). *Ngardmau State Website*, www. ngardmau. com.

OCHA (2012) Palau: Tropical Typhoon Bopha Forecasted Track. (United Nations) Office for the Coordination of Humanitarian Affairs. online at: https://reliefweb.int/sites/reliefweb.int/files/resources/Palau_TC%20Bopha%20Forecasted%20Track%20and%20est%20populaiton_2012_12_2.pdf

Pacific Worlds (2003) *Yap-Ulithi Website*, retrieved at www. pacificworlds. com/yap/visitors/colony. cfm

Palau Community Action Agency (1973) *A History of Palau Volume 3: Japanese Administration; U. S. Naval Military Government*, Ministry of Education: Palau.

Palau Language Commission (2012) *Omelechesel (Sber) Me A Usbechel a Tekoi er a Belau*, retrieved at: http://mnrivera1.com/Report_on_adoption_of_an_official_Palauan_Grammar.pdf

Palau Language Commission (2015) *Beches El Tekoi Er A Belau Dictionary*. Unpublished

Palau Language Commission (n.d.) *Mission statement*, viewed 23 August 2016, http://palau-mission-statement.blogspot.jp/

Palau Ministry of Education (2015) *Ke Bai Dulii El Tekoi Er a Belau*, Palau Ministry of Education.

Palau Orthography Committee (1972) *Palauan Orthography: A Final Report on the Decisions of the Palau Orthography Committee*, Palau orthography committee. retrieved at: http://tekinged.com/misc/pdf.php?file=PalauanOrthography72

Peattie, Mark (1988) *Nan'yo: The Rise and Fall of the Japanese in Micronesia, 1885–1945*. University of Hawai'i Press.

Phillips, Lori (2004) *Palauan Alphabet*. Honolulu: Pacific Resources for Education and Learning.

Rechebei, Elizabeth Diaz & Samuel F. McPhetres (1997) *History of Palau, Heritage of an Emerging Nation*. Koror: Republic of Palau Ministry of Education.

Rehg, Kenneth (2004) Linguists, Literacy, and the law of unintended consequences, *Oceanic Linguistics*, 43: 2, University of Hawai'i Press, pp.498–518.

Rehg, Kenneth (2014) "On the role and utility of grammars in language documentation and conservation", *The art and practice of grammar writing*, University of Hawai'i

Press, pp.53–67.

Sanada, Shinji（1997）"Phonological Characteristics of Japanese-derived Borrowings in the Trukese of Micronesia."『日本語科学』1: 49–62.

Sanada, Shinji（1998）"Characteristics of Japanese Loanword Vocabulary in Micronesian Languages" In Toki（1998）, 63–94.

Sanada, Shinji（1998）"Characteristics of Japanese Loanword Vocabulary in Micronesian Languages" In Toki（1998）, 63–94.

Shibuya, Katsumi（1998）"Grammatical aspects of an interlanguage: the potential expressions of Yapese Japanese." In Toki（1998）, 49–61.

Shorett, A.（1970）*Micronesian backgrounds: historical and social settings for secondary social studies*. Saipan: T. T. Education Dept.

Shuster, Donald R.（2004）"Palau. Micronesia in Reviews: Issues and Events, 1 July, 2002 to 30 June 2003", *The Contemporary Pacific*. 16（1）, 137–145.

Toki, Satoshi（1998）"The Remnants of Japanese Phonology in the Micronesian Chuuk." In Toki（1998）, 25–48.

Toki, Satoshi（ed）（1998）*The Remnants of Japanese in Micronesia*.（『大阪大学文学部紀要』38 として刊行）

Topping, D. M.（2003）. Saviors of Languages: Who Will Be the Real Messiah? *Oceanic Linguistics*, 42（2）, 522–527. University of Hawai‘i Press.

Trudgill, Peter（2002）*Sociolinguistic Variation and Change*, Georgetown University Press.

Wahl, Cecilia Hendricks（2000）*Number One Pacific Island*. Bloomington, IN: Woodcrest Publishing.

Yui, Kikuko（1998）"The Formation of Micronesian Japanese: Teaching Japanese at Public Schools in Nan'yōguntō." In Toki（1998）, 7–14.

.

付録　日本語借用語一覧

凡例

◎	ほぼ全ての人に使用される
○	ある程度使用が浸透している
△	若い世代を中心に使用されなくなりつつある
×	一部に認知されるが使用されない
?	使用は確認できたが、定着度が確認出来ていない
−	Josephs（1990）に載っているが全く認知されない

品詞分類と Josephs（1990）との対応

本書の分類	Josephs（1990）の分類
形容詞	状態動詞（Stative verb）
動詞	その他動詞
副詞	修飾語（Modifier）
定型表現	表現（Expression）

	Palauan	使用	借用元 日本語	品詞 タイプ	意味説明補足 意味変化
1	abaio	−	あばよ	定型表現	
2	aibo	△	相棒	名詞	
3	aikio	◎	愛嬌	名詞	愛嬌、愛嬌がある表情
4	amireng	◎	未練	名詞	失恋
5	bachingko	○	パチンコ	名詞	
6	baidok	○	梅毒	名詞	梅毒、化膿
7	baiking	×	ばい菌	名詞	
8	baka	○	バカ	形容詞	
9	bakaiaro	△	馬鹿野郎	定型表現	

10	bakanister	○	馬鹿にしている	形容詞	
11	bake	△	バケ	名詞	(釣り用の)バケ
12	bakking	×	罰金	名詞	
13	bakudang	△	爆弾	名詞	
14	bakuhats	×	爆発	名詞	
15	bakutsi	○	博打	名詞	
16	bando	◎	バンド	名詞	(衣服の)ベルト
17	bane	×	ばね	名詞	
18	bang	△	番	名詞	かわるがわる事を行う場合の順序
19	bangk	△	パンク	名詞	
20	bangngo	×	番号	名詞	
21	banso	○	伴奏	名詞	
22	bansok	△	絆創膏	名詞	
23	bantosang	◎	番頭さん	名詞	
24	bara	◎	バラ	名詞	
25	baras	○	ばらす	名詞	砂利
26	barik	◎	馬力	名詞	
27	barikang	◎	バリカン	名詞	
28	basio	◎	場所	名詞	
29	bastaor	◎	バスタオル	名詞	
30	bata	◎	バター	名詞	
31	bem yore	◎	寄れ	定型表現	寄ってください
32	bengngos	×	弁護士	名詞	
33	benia	◎	ベニヤ	名詞	
34	bento	◎	弁当	名詞	
35	bento bako	◎	弁当箱	名詞	
36	benzio	◎	便所	名詞	
37	berangu	○	プラグ	名詞	
38	beroski	○	ふろしき	名詞	
39	bio	△	秒	名詞	
40	bioing	△	病院	名詞	
41	bioing seng	—	病院船	名詞	
42	boi	—	ボーイ	名詞	

43	boingkio	◎	望遠鏡	名詞	
44	boks	○	ボックス	名詞	木製の足つき収納家具
45	bokso	◎	牧草	名詞	エレファントグラス、力芝
46	bokujo	×	牧場	名詞	
47	bokungo	◎	防空壕	名詞	人口の洞穴
48	bomado	△	ポマード	名詞	
49	bongai	◎	妨害	動詞	干渉する
50	bongkura	—	ボンクラ	名詞	
51	boruu	○	ボール	名詞	
52	botang	△	牡丹	名詞	
53	botang	◎	ボタン	名詞	
54	bozu	◎	坊主	名詞	
55	budo	◎	ブドウ	名詞	パナマ桜
56	bumpo	—	文法	名詞	
57	bung	○	分	名詞	
58	bungsu	—	分数	名詞	
59	buniari	○	ぼんやり	名詞	1. 決断できない人 2. 干渉してくる人
60	bussonge	◎	仏桑花	名詞	
61	buta buta buta	○	ブタブタブタ	定型表現	豚を呼ぶときに使われる
62	butai	△	部隊	名詞	人のグループ
63	chabarer	◎	暴れる	動詞	怒って暴力を振るう
64	chabunai	◎	危ない	形容詞	
65	chabura	○	油	名詞	
66	chabura bang	◎	油パン	名詞	揚げたアンパン
67	chabura sasi	×	油さし	名詞	
68	chaiamar	◎	謝る	動詞	
69	chaiko detsiu	◎	相子でしょ	定型表現	1. 掛け声、相子 2. じゃんけんのゲームそのもの
70	chainoko	×	合いの子	名詞	
71	chais keeki	○	アイスケーキ	名詞	アイスキャンディー
72	chais kurim	◎	アイスクリーム	名詞	

73	chaiter	○	空いてる	形容詞	（ホテルの部屋など）空きがある状態
74	chaizu	○	合図	名詞	
75	chaker	△	開ける	動詞	
76	chakimer	△	諦める	動詞	
77	chaksiub	◎	握手	名詞	
78	chamatter	△	余ってる	形容詞	
79	chambang	○	アンパン	名詞	
80	chameiu	？	飴湯	形容詞	親類と性的な関係にある
81	chami	◎	網	名詞	窓の網戸
82	chana kangari	—	穴かがり	名詞	ボタンホール
83	changar	◎	あがる	動詞	（緊張して）あがる
84	changari	○	あがり	名詞	上昇、増加
85	changaridang	◎	上がり段	名詞	階段
86	changko	○	餡子	名詞	
87	chansing	◎	安心	形容詞	1. 安心している 2. 自信を持っている
88	chansingster	△	安心している	形容詞	周りに左右されない
89	chanzang	—	暗算	名詞	
90	chanzeng	◎	安全	名詞	安全剃刀
91	charai	○	荒い	形容詞	（気性が）荒い
92	charuminium	△	アルミニウム	名詞	
93	chasangao	×	朝顔	名詞	
94	chasebo	○	汗疹	名詞	湿疹
95	chasiba	△	足場	名詞	
96	chasuart	◎	アスファルト	名詞	
97	chatama	○	頭	名詞	
98	chatar	◎	当たる	動詞	1. くじなどに当たる 2. 女性にモテる 3. アレルギー
99	chatarimai	○	当たり前	名詞	

100	chatter	◎	合っている	形容詞	
101	chauanai	◎	合わない	形容詞	
102	chauaser	◎	合わせる	動詞	
103	chauateter	◎	慌てている	形容詞	
104	chauts	○	アウト	名詞	（野球の）アウト
105	chazi	◎	味	名詞	
106	chazino moto	◎	味の素	名詞	
107	chazuki	○	小豆	名詞	
108	che	×	絵	名詞	
109	chea	×	エア	名詞	タイヤのエア
110	cheio	◎	栄養	名詞	
111	cheisei	◎	衛生	名詞	
112	cheki	×	液	名詞	
113	chekubo	◎	えくぼ	名詞	
114	chelsimer	◎	閉める	形容詞	閉まっている
115	chemongkake	○	衣文掛け	名詞	ハンガー
116	chensok	△	遠足	名詞	
117	cheri	○	襟	名詞	
118	chesimer	◎	閉める	名詞	ドア
119	chi	○	胃	名詞	
120	chibatter	×	威張っている	形容詞	
121	chido	◎	井戸	名詞	
122	chihukuro	—	胃袋	名詞	
123	chijimer	△	いじめる	動詞	
124	chikes	○	生贄	名詞	
125	chikura	×	いくら	定型表現	値段を聞くときの「いくら？」
126	chimamade	○	今まで	副詞	
127	chimi	○	意味	名詞	
128	chinaka	△	田舎	名詞	
129	chinarisusi	◎	いなり寿司	名詞	
130	chireba	◎	入れ歯	名詞	

131	chiremono	○	入れ物	名詞	
132	chirer	△	入れる	動詞	ギアを入れる、車などを始動する
133	chiro	○	色	名詞	
134	chirochiro	△	いろいろ	形容詞	
135	chisiobing	○	一升瓶	名詞	
136	chisiok kaiteng	○	一色回転？	動詞	早口で話す
137	chisumbosi	×	一寸法師	名詞	昆虫、背の低い人
138	chitabori	◎	板彫り	名詞	パラオの民芸品である板彫りのストーリーボード
139	chitai	○	痛い	定型表現	
140	chito	—	糸	名詞	
141	chitsibu	△	一部？	定型表現	(ゴミ箱にゴミを投げて入らなかった時など)ニアミス
142	chitsiobiki	◎	イッチョウビキ	名詞	花札の役
143	chitsirets	△	一列	動詞	一列に並ぶ
144	choisii	◎	美味しい	形容詞	
145	chokura	◎	オクラ	名詞	
146	chomote nangio	—	表南洋	名詞	
147	chos	△	押す	動詞	おはじきのゲームで玉が近づき過ぎた状態
148	chosarai	◎	おさらい	名詞	1.お手玉 2.硬い枕
149	chosiruko	◎	お汁粉	名詞	
150	chosoroi	◎	お揃い	形容詞	(服が)お揃い
151	chotemba	△	おてんば	名詞	(女性が)浮ついた、軽薄な
152	choto	◎	音	名詞	
153	chotobai	◎	オートバイ	名詞	
154	chude	○	腕	名詞	二の腕
155	chukab	△	浮かぶ	動詞	
156	chuki	◎	浮き	名詞	
157	chuma	—	馬	名詞	
158	chumebos	○	梅干し	名詞	

159	chumer	△	埋める	動詞	（主に金銭的な不足分を）埋める
160	chumetate	△	埋め立て	名詞	
161	chundo	○	運動	名詞	
162	chundongutsu	△	運動靴	名詞	
163	chunteng	○	運転	名詞	
164	chuntengdai	◎	運転台	名詞	1. 運転席 2. 助手席
165	chuntens	△	運転手	名詞	
166	churam	△	恨む	形容詞	ねたんでいる
167	churenai	○	売れない	形容詞	
168	churer	△	売れる	形容詞	売れやすい
169	chusangi	◎	兎	名詞	
170	chusui	◎	薄い	形容詞	（味、色など）が薄い、厚みには使われない
171	chuts(i)us	×	映す、移す	動詞	（写真などを）写す、（データなどを）移す
172	chutsinangio	―	内南洋	名詞	
173	dai	○	台	名詞	機械を置く台
174	daia	―	ダイヤ	名詞	
175	daikong	◎	大根	名詞	
176	daiksang	◎	大工さん	名詞	
177	dainamo	×	ダイナモ―	名詞	発電機
178	daingak	◎	大学	名詞	
179	daisang	○	財産	名詞	遺産
180	daitai	○	大体	副詞	一般的には
181	daitorio	◎	大統領	名詞	
182	daiziob	◎	大丈夫	形容詞	
183	dama	◎	だま	名詞	チェッカーのようなゲーム
184	dame	◎	ダメ	形容詞	1. 壊れている、機能しない 2. 静止するときの表現「やめなさい！」
185	dandang	○	だんだん	副詞	
186	dandori	○	段取り	名詞	
187	das	△	出す	動詞	提出する

188	datsio	—	脱腸	名詞	
189	dekstenai	？	適してない	形容詞	
190	dekster	○	適してる	形容詞	
191	demado	△	出窓	名詞	
192	dembio	△	伝票	名詞	
193	dembung	×	でん粉	名詞	
194	dempo	△	電報	名詞	
195	dengki	◎	電気	名詞	
196	dengki basira	◎	電気柱	名詞	電柱
197	dengki skongki	△	電気蓄音機	名詞	
198	dengkibu	◎	電気部	名詞	発電所
199	dengu	◎	デング	名詞	
200	dengua	◎	電話	名詞	
201	dents(i)	△	電池	名詞	
202	derobohats	◎	泥棒蜂	名詞	
203	dobu	◎	どぶ	名詞	
204	dodai	○	土台	名詞	
205	dois	◎	ドイツ	名詞	
206	dok	○	毒	名詞	
207	dokungas	△	毒ガス	名詞	1. 毒ガス 2. 原子爆弾
208	dokurits	○	独立	名詞	
209	domburi	○	どんぶり	名詞	
210	dome	◎	止め	名詞	髪留め、ヘアピン
211	dongu	◎	道具	名詞	
212	dongu bako	◎	道具箱	名詞	
213	dorobo	△	泥棒	名詞	
214	dosei	×	どうせ	副詞	
215	dostemo	○	どうしても	副詞	
216	dotei	×	土手	名詞	
217	dozo	？	どうぞ	定型表現	
218	dromkang	○	ドラム缶	名詞	

付録　日本語借用語一覧　195

219	eiobung	○	栄養分	名詞	
220	eiohurio	○	栄養不良	形容詞	
221	fkas	○	ふかす	動詞	
222	fkasnabe	○	ふかす鍋	名詞	蒸し器
223	furaipang	○	フライパン	名詞	
224	futong	○	布団	名詞	
225	haba	○	幅	名詞	
226	haburas	◎	歯ブラシ	名詞	
227	hadaka	◎	裸	名詞	上半身裸
228	hadasi	◎	裸足	名詞	
229	haeri	◎	流行り	形容詞	流行っている
230	haibio	×	肺病	名詞	
231	haikiu	△	配給	名詞	1. 配給 2. 寄付、寄贈
232	hainaua	○	延縄	名詞	漁業用のロープ
233	haisara	△	灰皿	名詞	
234	haiseng	◎	配線	名詞	
235	haisia	○	歯医者	名詞	
236	haitats	○	配達	名詞	
237	haito	△	配当	名詞	
238	haitsio	◎	蝿帳	名詞	
239	hakase	△	博士	名詞	
240	hake	△	刷毛	名詞	
241	hakse	△	剥製	名詞	
242	hakurai	○	舶来	名詞	懐中電灯
243	hamabe	×	浜辺	名詞	
244	hambung	△	半分	名詞	
245	hanabi	◎	花火	名詞	
246	hanahuda	◎	花札	名詞	
247	handor	△	ハンドル	名詞	車、ドアノブなどのハンドル
248	hang	◎	班	名詞	
249	hange	○	はげ	名詞	
250	hangkats	△	ハンカチ	名詞	
251	hangkets	△	判決	名詞	

252	hansode	△	半袖	名詞	
253	hansubong	△	半ズボン	名詞	
254	hantai	○	反対	形容詞	
255	haraisange	×	払下げ	名詞	セール
256	harango	○	はらこ（腹子）	名詞	
257	harau	◎	払う	動詞	
258	hasi	◎	箸	名詞	
259	hasingo	◎	はしご	名詞	
260	hasira	○	柱	名詞	
261	hatake	○	畑	名詞	
262	hatoba	○	波止場	名詞	
263	hats	◎	蜂	名詞	
264	hebo	○	へぼ	形容詞	野球が下手な
265	heia	△	部屋	名詞	
266	henzi	○	返事	名詞	
267	hidoi	◎	ひどい	形容詞	
268	himits	×	秘密	名詞	
269	hinbiokai	△	品評会	名詞	展示会
270	hokori	◎	ほこり	名詞	
271	hondoro	×	本道路	名詞	
272	hong	○	本	名詞	
273	honto	◎	本島	名詞	バベルダオブ島
274	hosengka	△	ホウセンカ	名詞	
275	hotai	◎	包帯	名詞	
276	hu	○	譜	名詞	楽譜
277	hu(i)riping	◎	フィリピン	名詞	
278	huda	×	札	名詞	
279	huirum	△	フィルム	名詞	
280	hurans	—	フランス	名詞	
281	huseng	◎	風船	名詞	
282	huto	○	封筒	名詞	
283	hutsu	○	普通	形容詞	

284	iakiu	◎	野球	名詞	
285	iakkai	○	厄介	動詞	厄介になる
286	iakkotsiang	◎	やっこちゃん	名詞	
287	iakome	△	横目	動詞	横目で見る
288	iaksok	○	約束	名詞	
289	iama	△	山	名詞	前髪を山のように立てる髪型
290	iammer	△	やめる	動詞	諦めてやめる
291	ianangi	×	柳	名詞	
292	iararer	△	やられる	形容詞	打ち負かされた
293	iasai	◎	野菜	名詞	
294	iasai bune	○	野菜船	名詞	
295	iasasii	?	やさしい	形容詞	
296	iasui	◎	安い	形容詞	
297	iasumba	◎	休む場	名詞	公園などにあるベンチ
298	iasumi	?	休み	名詞	
299	ichibang	?	一番	形容詞	
300	ikura	×	いくら	定型表現	
301	iobo	△	予防	名詞	予防注射
302	ior	?	寄る	動詞	
303	iorimodos	△	撚り戻し	名詞	釣具の(撚り戻し)
304	iorosku	◎	宜しく、よろしく	定型表現	
305	iosang	△	予算	名詞	
306	iosang ang	△	予算案	名詞	
307	iosets	△	溶接	名詞	
308	iotei	△	予定	名詞	
309	iotsieng	◎	幼稚園	名詞	
310	isiok	×	一色	形容詞	小さい?
311	isongasi	○	忙しい	形容詞	
312	ittohing	△	一等品	名詞	
313	iuasi	◎	イワシ	名詞	
314	iuatas	△	言い渡す	動詞	(判決などを)言い渡す
315	iuder	△	茹でる	動詞	即席品や冷めたものを湯で温めなおす

316	iudoraibu	△	ユードライブ	名詞	貞操観念の薄い女性
317	iuki	?	雪	名詞	
318	kab	◎	株	名詞	
319	kab	○	カーブ	名詞	
320	kaba	○	カバー	名詞	
321	kabaiaki	○	蒲焼	名詞	缶詰のうなぎ
322	kabang	—	カバン	名詞	
323	kabi	△	カビ	形容詞	賞味期限が切れた
324	kabur	△	かぶる	動詞	レスリングの技、相手を投げる
325	kaeas	○	返す	動詞	
326	kaer	△	帰る	動詞	
327	kaeru	○	蛙	名詞	
328	kai	○	貝	名詞	
329	kaiak	○	火薬	名詞	
330	kaiseng	○	開戦	名詞	陣取りゲーム
331	kaiseng banzai	○	開戦万歳	名詞	kaiseng と似たゲーム
332	kaisia	×	会社	名詞	
333	kaiteng	○	回転	名詞	
334	kakar	◎	かかる	動詞	1. エンジンがかかる 2. てんかん発作 3. 知的障害者が落ち着かない様子を見せる
335	kakaras	◎	かからす	動詞	（エンジンを）かからす
336	kaker	×	かける	動詞	文句などを言う
337	kakine	○	垣根	名詞	
338	kakko	?	格好	名詞	
339	kakusits	△	確実	形容詞	
340	kamaboko	△	かまぼこ	名詞	
341	kamang	◎	鎌	名詞	
342	kamatsiri	△	カマチリ	名詞	マメ科の植物、地名
343	kambare	△	がんばれ	定型表現	
344	kammok	○	科目	名詞	
345	kanadarai	◎	かなだらい	名詞	

付録　日本語借用語一覧　199

346	kanaria	◎	カナリア	名詞	
347	kange	△	影	名詞	
348	kangkei	△	関係	名詞	
349	kangkeister	○	関係している	形容詞	
350	kangkiri	○	缶切り	名詞	
351	kangkodang	○	観光団	名詞	
352	kangngob	×	看護婦	名詞	
353	kanibisket	△	カニビスケット	名詞	
354	kansoba	○	乾燥場	名詞	ココナッツを乾燥する所
355	kansok	○	観測	名詞	気象局
356	kansoki	◎	乾燥期	名詞	
357	kansume	◎	缶詰	名詞	
358	kantang	△	簡単	名詞	
359	kantok	○	監督	名詞	
360	kanzia	×	患者	名詞	
361	karas	◎	ガラス	名詞	
362	kare	◎	カレー	名詞	
363	kasorin	◎	ガソリン	名詞	
364	kastera	×	カステラ	名詞	
365	kata	◎	型	名詞	
366	katai	△	堅い	形容詞	(性格が)堅い
367	kataki	×	仇	名詞	
368	katakuri	△	片栗粉	名詞	片栗粉
369	katangami	―	型紙	名詞	
370	katate	△	片手	名詞	
371	katatsumuri	◎	蝸牛	名詞	
372	kateng	◎	カーテン	名詞	
373	katori sengko	△	蚊取線香	名詞	
374	kats	◎	勝つ	動詞	
375	katsu	○	カツ	名詞	とんかつ
376	katsudo	◎	活動	名詞	映画
377	katsudokang	?	活動館	名詞	
378	katsuo	◎	鰹	名詞	

379	katsuo busi	○	鰹節	名詞	
380	katsuo seng	△	鰹船	名詞	
381	katte	◎	勝手	形容詞	勝手に行動する
382	kaua	◎	革	名詞	革靴
383	kauar	△	変わる	動詞	
384	kauchoni	△	鬼	動詞	鬼ごっこをする
385	kaumondai	◎	問題	動詞	口論する
386	kaumusing	◎	無尽	動詞	ある種の組合に入る
387	kaze	?	ガーゼ	名詞	
388	kebruka	○	ケーブルカー	名詞	
389	keikak	○	計画	名詞	(特に政治・経済などの)計画
390	keikeng	○	経験	名詞	
391	keisang	○	計算	名詞	
392	keizai	○	経済	名詞	
393	kekka	△	結果	名詞	
394	kekkonski	?	結婚式	名詞	
395	kemba	○	現場	名詞	
396	kembei	×	憲兵	名詞	
397	kempo	△	憲法	名詞	
398	kengkang	○	玄関	名詞	家の入り口(ドアの外)
399	kengkots	×	げんこつ	名詞	
400	kengri	×	権利	名詞	
401	kenkeng	?	けんけん	名詞	
402	kenkiu	×	研究	名詞	
403	kensa	△	検査	名詞	(多くの場合、病院などでの)検査
404	kerokke	○	コロッケ	名詞	
405	kes	○	消す	動詞	
406	keskomu	○	消しゴム	名詞	
407	kets	○	ケチ	名詞	
408	kia	○	ギア	名詞	
409	kiab	○	キャブ	名詞	
410	kiabets	◎	キャベツ	名詞	
411	kigeng	○	機嫌	形容詞	ほろ酔い
412	kikanai	◎	効かない	形容詞	

413	kikangziu	×	機関銃	名詞	
414	kilo	△	キロ	名詞	
415	kimba	?	金歯	名詞	
416	kimer	◎	決める	動詞	
417	kimots	◎	気持ち	名詞	
418	kineng	○	記念	名詞	
419	kinga tskanai	×	気がつかない	形容詞	
420	kingatsku	△	気がつく	動詞	
421	kingko	—	金庫	名詞	
422	kinrohosi	△	勤労奉仕	名詞	ボランティア
423	kintama	×	金玉	名詞	
424	kireter	○	切れている	形容詞	品切れ、(電球が)切れている
425	kirioke	×	霧避け	名詞	
426	kisets	×	気絶	名詞	
427	kisu	×	傷	名詞	
428	kiter	△	効いている	形容詞	
429	kitsingai	○	気違い	名詞	
430	kitsune	△	キツネ	名詞	
431	kitte	—	切手	名詞	
432	kiubio	—	急病	名詞	
433	kiuri	◎	きゅうり	名詞	
434	klekankodang	○	観光団	名詞	観光
435	klimang	?	(自慢)	名詞	自慢げに見せること
436	kloias	?	(肥やし)	名詞	肥やされている状態
437	klsensei	?	先生	名詞	先生になっている
438	koba	○	工場	名詞	
439	kobito	◎	小人	名詞	
440	koeas	◎	肥やし	名詞	
441	koeng	?	公園	名詞	動物園?
442	kohi	◎	コーヒー	名詞	
443	kohosia	◎	候補者	名詞	
444	koi	◎	濃い	形容詞	(コーヒーなどが)濃い

445	koia	△	小屋	名詞	
446	koibito	×	恋人	名詞	
447	kokak	△	合格	形容詞	
448	koksai	○	国際	名詞	地名
449	kokubang	×	黒板	名詞	
450	kokumots	×	穀物	名詞	
451	komakai	◎	細かい	形容詞	（人の性格が）細かい
452	komatter	○	困ってる	形容詞	
453	komeng	◎	御免	名詞	
454	komi	◎	ゴミ	名詞	
455	komibako	○	ゴミ箱	名詞	
456	komisteba	◎	ゴミ捨て場	名詞	
457	komu	○	ゴム	名詞	
458	komunoki	△	ゴムの木	名詞	
459	komuteib	×	ゴムテープ	名詞	
460	kona	◎	粉	名詞	洗濯用の粉洗剤
461	konasob	○	粉ソープ	名詞	kona と同義
462	kongosang	◎	金剛砂	名詞	砥石
463	kongro	◎	コンロ	名詞	（持ち運びができる）ガスコンロ
464	koniaro	○	この野郎	名詞	
465	kori	○	氷	名詞	かき氷
466	korira	○	ゴリラ	名詞	
467	koro	○	ゴロ	名詞	（野球の）ゴロ
468	kosang	○	降参	名詞	
469	kosi	○	腰	名詞	
470	kosiki	◎	乞食	名詞	乞食、貧乏
471	kosio	◎	故障	形容詞	
472	kosui	◎	香水	名詞	
473	kotai	○	答え	名詞	
474	kotai	－	交代	名詞	
475	kotouar	◎	断る	動詞	
476	kotsiosensei	△	校長先生	名詞	
477	kotsung	○	コツン	動詞	拳骨で叩く

付録　日本語借用語一覧　203

478	kozukai	◎	小遣い	名詞	
479	ksai	—	臭い	名詞	
480	ksari	△	鎖	名詞	（犬などペット繋ぐ）鎖
481	kse	◎	癖	名詞	癖、習慣
482	ksia	△	汽車	名詞	
483	kubi	×	首	動詞	解雇する
484	kudamono	○	果物	名詞	時計草、パッションフラワー
485	kudeng	△	ぐでんでん	形容詞	ぐでんぐでんに酔っている
486	kui	○	杭	名詞	
487	kuiki	?	区域	名詞	
488	kukobokang	—	航空母艦	名詞	
489	kuma	◎	熊	名詞	
490	kumade	◎	熊手	名詞	
491	kumi	◎	組	名詞	
492	kumiai	△	組合	名詞	定期船
493	kungreng	×	訓練	名詞	
494	kurangd	◎	グラウンド	名詞	
495	kureiong	◎	クレヨン	名詞	
496	kurismas	◎	クリスマス	名詞	
497	kurob	◎	グローブ	名詞	
498	kuruma	○	車	名詞	手押し車
499	kurusi	◎	苦しい	形容詞	
500	kutsibeni	◎	口紅	名詞	
501	kutsusta	?	靴下	名詞	
502	kuzira	◎	鯨	名詞	
503	mado	◎	窓	名詞	
504	mahobing	○	魔法瓶	名詞	
505	mahongani	◎	マホガニー	名詞	
506	mahura	○	マフラー	名詞	
507	maikake	—	前掛け	名詞	
508	maingami	×	前髪	名詞	

509	make	◎	負け	動詞	
510	makijiak	△	巻尺	名詞	
511	mame	○	豆	名詞	植物の豆、手の豆
512	mamor	◎	守る	動詞	(野球のゲームで)守る
513	manaita	◎	まな板	名詞	
514	mang	×	万	名詞	
515	mangnga	○	マンガ	名詞	
516	manguro	○	マグロ	名詞	
517	manneng	×	万年(筆)	名詞	
518	mansiu	○	饅頭	名詞	
519	masku	×	マスク	名詞	
520	mato	△	的	名詞	目標
521	mats	△	街	名詞	
522	matsiaisits	△	待合室	名詞	
523	mauar	◎	回る	動詞	
524	mauas	○	回す	動詞	
525	maze kohang	△	混ぜご飯	名詞	
526	mazui	×	不味い	名詞	
527	mendoksai	△	面倒くさい	名詞	
528	meng	○	面	名詞	
529	mengane	△	メガネ	名詞	
530	mengesimer	○	閉める、締める	動詞	1.(ドアを)閉める 2.(会議などを)締める
531	mengoias	○	肥やし	動詞	(土地を)肥やす
532	merikengko	×	メリケン粉	名詞	小麦粉
533	miak	?	脈、脈拍	名詞	
534	mihong	△	見本	名詞	
535	mikko	◎	密航	名詞	警察の取り締まり
536	minatobasi	◎	港橋	名詞	コロールと Ngemelachel をつなぐ橋
537	minatohang	×	港藩	名詞	コロールの一地域
538	mios	—	水押し	名詞	
539	misizungi	△	民主主義	名詞	

付録　日本語借用語一覧　205

540	miso	○	味噌	名詞	
541	misosiru	◎	味噌汁	名詞	
542	mitsumata	—	三つ叉	名詞	
543	mokar	○	儲かる	動詞	
544	moktek	◎	目的	名詞	
545	momo	○	桃	名詞	
546	momochiro	?	桃色	名詞	
547	mondai	◎	問題	名詞	
548	mondai nai	○	問題ない	定型表現	
549	mong	○	門	名詞	
550	mongk	△	文句	名詞	
551	monosasi	△	もの差し	名詞	
552	morets	◎	猛烈	形容詞	何かにとても長けている
553	moromi	○	醪	名詞	
554	mota	○	モーター	名詞	
555	motsio	○	盲腸	名詞	
556	mottainai	?	もったい ない	名詞	
557	murasaki	?	紫	名詞	
558	muri	◎	無理	動詞	1. 不可能 2. 無理強いする
559	musiba	◎	虫歯	名詞	
560	musubi	○	むすび	名詞	
561	muzing	◎	無尽	名詞	掛け金で金銭を融通する組織
562	nabe	×	鍋	名詞	
563	nai	◎	ない	動詞	生活用品などを切らすこと
564	nainai	◎	ないない (幼児語)	定型表現	幼児に対して、ご飯などがない時 に言う
565	namaiki	△	生意気	形容詞	?目立ちたがる
566	namari	◎	鉛	名詞	
567	namer	×	なめる	動詞	対立する相手を(舐める)
568	nami	×	波	名詞	
569	naname	△	斜め	名詞	
570	nangas	◎	流し	名詞	
571	nangasode	△	長袖	名詞	

572	nangasubong	△	長ズボン	名詞	
573	nangio sakura	△	南洋桜	名詞	
574	naoranai	○	治らない、直らない	形容詞	(人の性格が)治らない
575	naos	△	直す	動詞	
576	nappa	◎	菜っ葉	名詞	
577	nas	○	茄子	名詞	
578	nasakenai	△	情けない	形容詞	
579	naua	—	縄	名詞	
580	nengi	○	ネギ	名詞	
581	nenneng	◎	ねんね	定型表現	幼児語
582	nets	○	熱	名詞	(病気の)熱
583	neutsi	△	値打ち	名詞	
584	nezi	△	ねじ	名詞	
585	nezimauas	○	ねじ回し	名詞	
586	ngok	?	動く	動詞	(おはじきのゲームで玉が)動く
587	niak	△	荷役	名詞	
588	nigirimesi	?	握り飯	名詞	
589	nikai	○	二階	名詞	
590	nikibi	◎	ニキビ	名詞	
591	niku	△	肉	名詞	
592	nimots	—	荷物	名詞	
593	ningio	○	人形	名詞	
594	ninzin	—	ニンジン	名詞	芋の一種
595	nira	○	ニラ	名詞	
596	nitske	◎	煮付け	名詞	(通常、魚の)煮付け
597	niuing	◎	入院	形容詞	
598	niziu	×	二十	名詞	
599	nor	△	脳	名詞	
600	nori	?	糊	名詞	
601	nori	○	海苔	名詞	
602	o(i)eng	◎	応援	動詞	
603	o(i)engdang	◎	応援団	名詞	
604	obi	△	帯	名詞	

付録　日本語借用語一覧　207

605	obong	◎	お盆	名詞	
606	odebuu	△	おでぶ	名詞	
607	odeko	×	おでこ	名詞	
608	odisan	△	おじさん	名詞	
609	oiats	△	おやつ	名詞	
610	okama	○	お釜	名詞	
611	okami	△	狼	名詞	
612	okane	○	お金	名詞	
613	okasi	△	お菓子	名詞	
614	okiak(sang)	◎	お客さん	名詞	
615	okuba	△	奥歯	名詞	
616	okura	○	オクラ	名詞	
617	okurisio	×	送り状	名詞	
618	ombu	◎	おんぶ	動詞	
619	omedeto	○	おめでとう	定型表現	あけましておめでとう
620	omiange	◎	おみやげ	名詞	
621	omoidas	△	思い出す	動詞	
622	omoide	×	思い出	名詞	
623	omosiroi	◎	面白い	形容詞	
624	omosirokunai	?	面白くない	形容詞	
625	omotsia	◎	おもちゃ	名詞	
626	omukai	○	お迎え	名詞	
627	ongor	○	おごる	動詞	
628	oni	◎	鬼	名詞	
629	oningio	◎	お人形	名詞	
630	onngak	◎	音楽	名詞	
631	oppai	◎	おっぱい	動詞	授乳する
632	oros	○	卸し	名詞	
633	orosi	△	下ろし	名詞	
634	osaer	○	抑える	動詞	
635	osii	◎	惜しい	定型表現	
636	osime	◎	おしめ	名詞	

637	osimekaba	○	おしめカバー	名詞	
638	osire	○	押入れ	名詞	
639	osiroi	◎	おしろい	名詞	ベビーパウダー
640	osoi	◎	遅い	形容詞	
641	oto	◎	音	名詞	
642	otokui	?	お得意	名詞	顧客のお得意様
643	otsir	×	落ちる	動詞	
644	otsuri	◎	おつり	名詞	1. お釣り 2. 利益
645	otsuriganai	×	おつりがない	形容詞	
646	ouasi	△	足	動詞	歩いていく
647	oubakutsi	○	博打	動詞	トランプの「21」をする
648	ouchansing	?	安心	動詞	自信を振りまく
649	ouchesimer	?	しめる	動詞	ドアを(ある材料で)作る
650	ouchosarai	○	おさらい	動詞	おさらい(お手玉)をする
651	oudengua	◎	電話	動詞	電話をする
652	oudokurits	○	独立	動詞	自立して見せる
653	ouhaikiu	○	配給	動詞	配給する
654	ouhanahuda	◎	花札	動詞	花札をする
655	ouheia	×	部屋	動詞	部屋を使う、借りる
656	ouiakiu	◎	野球	動詞	野球をする
657	oukatai	△	硬い	動詞	頑固に振る舞う
658	oukatsudo	○	活動	動詞	映画館を営業する
659	oukaua	○	皮	動詞	革靴を履く
660	oumangnga	?	漫画	動詞	面白おかしく振る舞う
661	oumatang	?	猿股	動詞	猿股を履く
662	oumondai	◎	問題	動詞	文句を言う、問題を起こす
663	ouoni	◎	鬼	動詞	鬼ごっこをする
664	ousasimi	◎	刺身	動詞	刺身を食べる
665	ousidosia	?	自動車	動詞	自動車を所有する
666	ousimang	?	自慢	動詞	自慢する
667	ousio	○	シオ	動詞	おはじきの「シオ」をする

付録　日本語借用語一覧　209

668	ousiranburi	?	知らんぷり	動詞	知らないふりをする
669	ousirangkao	?	知らん顔	動詞	知らないふりをする
670	ouskarister	?	しっかりしてる	動詞	真面目なふりをする
671	ouskeng	△	試験	動詞	（先生などが）試験をする
672	oustangi	×	下着	動詞	下着を履く
673	ousunga	◎	図画	動詞	絵を描く、図面を描く
674	outabi	◎	足袋	動詞	足袋を履く
675	outeib	△	テープ	動詞	テープを持つ
676	ouziankempo	○	じゃんけんぽ	動詞	じゃんけんをする
677	ouzori	◎	草履	動詞	草履を履く
678	raiskare	△	ライスカレー	名詞	
679	rakkio	○	らっきょ	名詞	
680	rakudai	○	落第	形容詞	落ちこぼれた
681	rameng	○	ラーメン	名詞	
682	ranningngu	△	ランニング	名詞	
683	razieta	○	ラジエーター	名詞	
684	razio	◎	ラジオ	名詞	
685	rekodo	○	レコード	名詞	
686	reksi	○	歴史	名詞	
687	rengnga/renga	○	レンガ	名詞	
688	rengrak	◎	連絡	名詞	コロールの一地域
689	rensiu	◎	練習	名詞	（基本的にはスポーツの）練習
690	riakang	○	リヤカー	名詞	
691	rikuts	△	理屈	名詞	
692	rimbio	△	淋病	名詞	
693	ringngo	○	リンゴ	名詞	
694	riori	◎	料理	名詞	
695	riumats	◎	リューマチ	名詞	

696	roba	?	ろば	名詞	
697	Rosia	○	ロシア	名詞	
698	sabir	◎	錆びる	動詞	
699	sabis	◎	サービス	名詞	(何か特別な)サービス
700	sabisi	◎	さびしい	形容詞	
701	sabiter	◎	錆びている	形容詞	
702	saidang	△	サイダー	名詞	
703	saingo	△	最後	名詞	
704	saireng	○	サイレン	名詞	
705	sairio	○	材料	名詞	(料理、建築などの)材料
706	sak/siak	△	尺	名詞	
707	sakadats	◎	逆立ち	名詞	
708	sakari	◎	盛り	形容詞	動物が発情している
709	sake	○	酒	名詞	
710	sakseng	×	作戦	名詞	
711	sakura	◎	桜	名詞	
712	saladaoil	◎	サラダオイル	名詞	
713	sambas	◎	桟橋	名詞	
714	samer	◎	醒める	動詞	1.(食べ物などが)冷める 2.酔いがさめる 3.怒りが収まる
715	samma	○	秋刀魚	名詞	
716	samui	×	寒い	形容詞	
717	sandits	—	算術	名詞	
718	sangar	△	下がる	動詞	
719	sangkak	×	三角	名詞	
720	sangoias	○	サンゴヤシ	名詞	
721	sansaro	◎	三叉路	名詞	
722	sao	◎	竿	名詞	
723	sarmetsir	×	サルメチール	名詞	
724	saru	◎	笊	名詞	

725	sarumata	△	猿股	名詞	
726	sasimi	◎	刺身	名詞	
727	sbiido	◎	スピード	動詞	スピードを出す
728	sbots	△	スポーツ	名詞	
729	sbringngu	◎	スプリング	名詞	Tシャツ
730	seidai	△	製材	名詞	製材所
731	seikats	—	生活	名詞	
732	seiko	△	成功	名詞	
733	seinendang	◎	青年団	名詞	1.青年団 2.学校に行かず、仕事もしないニート
734	seisek	○	成績	名詞	
735	seitak/zeitak	○	ぜいたく	形容詞	きれい好きな、選り好みをする
736	seizi	×	政治	名詞	
737	sekiita	○	堰板	名詞	
738	sekkak	×	せっかく	副詞	
739	semai	○	狭い	形容詞	1.(道などが)狭い 2.(服などが)きつい
740	sembuki	◎	扇風機	名詞	
741	semmong	○	専門	名詞	
742	seng	◎	線	名詞	
743	sengiri	○	千切り	名詞	
744	sengkio	◎	選挙	名詞	
745	sengmengki	△	洗面器	名詞	
746	senko	◎	線香	名詞	蚊取り線香
747	sensei	◎	先生	名詞	
748	sensia	△	戦車	名詞	
749	setsuiak	○	節約	動詞	
750	siaker	△	仕上げる	動詞	
751	siako	○	車庫	名詞	
752	siasing	◎	写真	名詞	
753	siasingki	○	写真機	名詞	
754	siats	△	シャツ	名詞	
755	siba	◎	芝	名詞	

756	sibai	◎	芝居	名詞	
757	sichai	◎	試合	名詞	
758	sidosia	◎	自動車	名詞	
759	sikang/sikan	○	時間	名詞	
760	sikataganai	?	しかたがない	定型表現	
761	simang	◎	自慢	形容詞	
762	simbai	○	心配	形容詞	
763	simbung	◎	新聞	名詞	
764	simer	△	閉める 絞める	動詞	
765	Sina	○	シナ	名詞	
766	singio	×	信用	名詞	
767	sinhatoba	○	新波止場	名詞	
768	sinsats	○	診察	名詞	
769	sintsiu	△	真鍮、銅	名詞	
770	sinzo	△	心臓	名詞	
771	sio	○	？しよう	名詞	
772	siobai	◎	商売	名詞	
773	siobang/siopang	○	食パン	名詞	
774	siodok	△	消毒	名詞	消毒スプレー
775	siokai	○	紹介	名詞	
776	sioko	×	証拠	名詞	
777	sioksets	×	直接	形容詞	
778	siokumins	○	植民地	名詞	
779	sionga	◎	生姜	名詞	
780	sionganai	◎	しようがない	形容詞	（子供が）言うことを聞かない
781	sioning	◎	証人	名詞	
782	sioningdai	△	証人台	名詞	
783	siorai	△	将来	名詞	
784	siotai	◎	招待	名詞	
785	siotaikeng	○	招待券	名詞	結婚式などの招待状
786	siotots	○	衝突	名詞	1. 衝突 2. 乾杯の合図

787	sioziki	×	正直	形容詞	
788	siraber	◎	調べる	動詞	
789	siranai	○	知らない	形容詞	
790	siranburi	?	知らんぶり	名詞	
791	sirangkao	○	知らん顔	名詞	
792	sisiak	◎	磁石	名詞	
793	sisiu	○	刺繍	名詞	
794	sits	◎	シーツ	名詞	
795	siua	◎	皺	名詞	
796	siuarake	△	皺だらけ	形容詞	
797	siukang	◎	習慣	名詞	
798	siunteng	?	試運転	名詞	
799	ska	◎	鹿	名詞	
800	skak	◎	四角	名詞	
801	skakebari	△	しかけ針	名詞	
802	skamaer	○	捕まえる	動詞	対立する、叱る
803	skareter	◎	疲れている	形容詞	
804	skarister	△	しっかりしている	形容詞	
805	skato	○	スカート	名詞	
806	skemono, tsukemono	○	漬物	名詞	
807	skeng	△	試験	名詞	
808	skidas	◎	引出	名詞	
809	skoki	◎	飛行機	名詞	
810	skongki	×	蓄音機	名詞	
811	skozio/skojo	◎	飛行場	名詞	
812	sment	○	セメント	名詞	
813	soba	○	そば	名詞	
814	soda	?	ソウダカツオ	名詞	
815	sodang	△	相談	名詞	
816	soko	◎	倉庫	名詞	

817	someng	○	ソーメン	名詞	
818	song	◎	損	動詞	損する
819	songngai	△	損害	名詞	
820	sonomama	?	そのまま	副詞	
821	sori/zori	△	草履	名詞	
822	sorobang	×	算盤	名詞	
823	sos	?	ソース	名詞	醤油
824	sotets	×	ソテツ	名詞	
825	sotsungio ski	×	卒業式	名詞	
826	sotsungiosei	×	卒業生	名詞	
827	stanai	○	汚い	形容詞	(家や床などが)汚い
828	stangi	×	下着	名詞	
829	statea	○	仕立て屋	名詞	
830	stiring	○	七輪	名詞	
831	su	○	酢	名詞	
832	suber	△	滑る	動詞	
833	suberidai	△	滑り台	名詞	1.公園の滑り台 2.船が上陸するための地面から海に向かって作られた斜面、船台
834	subong/zubong	◎	ズボン	名詞	
835	sudare	○	簾	名詞	
836	sudeni	○	既に	副詞	
837	suido	○	水道	名詞	
838	suika	△	西瓜	名詞	
839	suikom	○	吸い込む	動詞	
840	sukiaki	○	すき焼き	名詞	
841	sumanai	○	すまない	定型表現	何か失礼になる可能性があることをする前に言う
842	sumaster	◎	澄ましている	形容詞	人に何かを言われても気にしない
843	sumeng	○	図面	名詞	
844	sumi	○	炭	名詞	
845	sumitsubo	×	墨壺	名詞	
846	sung	△	寸	名詞	
847	sunga/zunga	◎	図画	名詞	

付録　日本語借用語一覧　215

848	sungata	○	姿	名詞	
849	sungio	×	信用	名詞	
850	surui/zurui	◎	ずるい	形容詞	
851	tabi	◎	足袋	名詞	
852	tada	◎	タダ	形容詞	
853	taia	◎	タイヤ	名詞	
854	Taiheio	○	太平洋	名詞	
855	taiko	◎	太鼓	名詞	
856	taing	◎	退院	動詞	
857	taionki	△	体温計	名詞	
858	taiori	△	便り	名詞	
859	tairio	◎	大漁	名詞	
860	taiso	△	体操	名詞	
861	taitai	◎	痛い痛い	定型表現	幼児語
862	takai	◎	高い	形容詞	1.値段が高い 2.位が高い
863	takechuma	○	竹馬	名詞	
864	taki	◎	滝	名詞	
865	takotsubo	△	蛸壺	名詞	壕、溝
866	takuang	◎	たくあん	名詞	
867	tama	◎	玉	名詞	
868	tamanengi	◎	玉ねぎ	名詞	
869	tamango	○	卵	名詞	
870	tamango domburi	△	卵丼	名詞	
871	tamango ngata	△	卵型	名詞	
872	tamango udong	×	卵うどん	名詞	
873	tamangongata	△	卵型	名詞	
874	tamatsuki	○	玉突き	名詞	
875	tamb	×	反	名詞	面積の単位
876	tames	◎	試す	名詞	
877	tana	◎	棚	名詞	
878	tane	◎	種	名詞	
879	tangane	○	鏨(たがね)	名詞	

880	tangka	○	担架	名詞	
881	tanom	△	頼む	動詞	
882	tanosi	△	楽しい	形容詞	
883	tans	◎	タンス	名詞	
884	tansiobi	◎	誕生日	名詞	1.誕生日 2.誕生日パーティー
885	tanto	○	短刀	名詞	
886	tanuki	○	狸	名詞	
887	taor	◎	タオル	名詞	
888	taorer	◎	倒れる	動詞	（人が）倒れる
889	taos	○	倒す	動詞	
890	tarai	◎	たらい	名詞	
891	tasiob	△	た勝負？	名詞	
892	tasker	△	助ける	動詞	
893	tatam	◎	畳む	動詞	
894	tatami	◎	畳	名詞	
895	tatander	○	畳んでる	形容詞	
896	tatemai	○	建前	名詞	
897	tauas	◎	束子	動詞	タワシでこする
898	tauasi	◎	束子	名詞	
899	tebanas	△	手放す	動詞	手放しで自転車に乗る
900	tebukuro	◎	手袋	名詞	
901	teitobuts	△	抵当物	名詞	
902	teizio	◎	手錠	名詞	
903	tekkin	◎	鉄筋	名詞	
904	tempra	◎	天ぷら	名詞	
905	teng	◎	点	名詞	（テストやゲームの）点
906	tengami	◎	手紙	名詞	
907	tengki	△	天気	名詞	
908	tengus	◎	天蚕糸	名詞	
909	tensio/tenzio	◎	天井	名詞	
910	tento	◎	テント	名詞	
911	tepang	◎	鉄板	名詞	
912	teppo	○	鉄砲	名詞	花札の役
913	teriudang	△	手榴弾	名詞	

914	terobosu	○	てるてる坊主	名詞	はげ頭
915	tets	◎	鉄	名詞	(遊びに使われる)パチンコ玉のような小さい鉄球
916	tetsuri	○	手すり	名詞	
917	tobas	○	飛ばす	動詞	急いでどこかにいく
918	tobo	△	逃亡	名詞	
919	tobosia	△	逃亡者	名詞	
920	todai	○	灯台	名詞	
921	tokas	○	融かす	動詞	
922	toker	◎	融ける	動詞	
923	tokoia	×	床屋	名詞	
924	tokoro	◎	所	名詞	
925	tokubets	◎	特別	名詞	
926	tokuhong	○	トクホン(商標名)	名詞	サロンパスのような貼り薬
927	tokuni	○	特に	副詞	
928	tomer	○	止める	動詞	
929	toming	○	島民	名詞	
930	tonari	◎	隣	名詞	
931	tora	△	虎	名詞	
932	torak	◎	トラック	名詞	
933	torikes	◎	取り消す	動詞	
934	toseng	×	渡船	名詞	
935	totang	◎	トタン	名詞	
936	totsidaitsio	○	土地台帳	名詞	
937	tsiak	?	チャック	名詞	
938	tsiauang	?	茶碗	名詞	
939	tsibidori	○	ちび鶏	名詞	1. 背の低い人 2. おはじきの小さいもの
940	tsingau	△	違う	形容詞	(相手の言った情報が)真実でないとき
941	tsiodai	◎	頂戴	定型表現	幼児語
942	tsiodo	△	ちょうど	副詞	ちょうど、せっかく
943	tsiongkyu	×	直球	名詞	

944	tsios	○	調子	名詞	
945	tsioseng	×	朝鮮	名詞	
946	tsiotsio	○	蝶々	名詞	1. 蝶々型の髪飾り 2. 蝶々型のお菓子
947	tsisim/tsizim	◎	縮む	動詞	
948	tsitsibando	◎	乳バンド	名詞	
949	tsiub(u)	○	チューブ	名詞	
950	tsiui	×	注意	動詞	
951	tsiumong	○	注文	動詞	1.(通常若者が)資金作りのために 聞いても回る注文 2. けんかを売る
952	tskarer	◎	疲れる	動詞	
953	tsker	○	つける	動詞	
954	tsubame	○	燕	名詞	
955	tsubo	△	坪	名詞	
956	tsuburer	○	潰れる	動詞	(会社や個人が)破産する
957	tsueak	?	通訳	名詞	
958	tsukarenaos	○	疲れ＋治す	動詞	仕事終わりにお酒を飲む
959	tsunami	◎	津波	名詞	
960	tsurubasi	○	鶴嘴	名詞	
961	uakare	×	別れ	名詞	
962	uangi	○	上着	名詞	
963	uasi	○	鷲	名詞	
964	uasurer	?	忘れる	動詞	
965	uata	○	綿	名詞	コットンボール
966	uatasibune	×	渡し船	名詞	
967	udong	◎	うどん	名詞	
968	ziabong	◎	ジャボン	名詞	ミカン科の木
969	ziakki	○	ジャッキ	名詞	
970	ziangkempo	○	じゃんけんぽん	名詞	
971	zibiki	×	字引	名詞	
972	ziteng	×	辞典	名詞	
973	ziu	×	銃	名詞	

| 974 | ziu | × | 自由 | 名詞 | |

索　引

A-Z

Mokko　　18
Renrak　　19, 20
Taki　　22
Todai　　20, 21
World Englishes　　63

あ

アスペクト　　61, 91, 92
アメリカ　　13, 14, 31, 33, 50, 114, 169
アンガウル　　2, 10, 46, 81, 82, 83, 84, 85,
　　86, 87, 88, 89, 91, 95, 98, 99, 99, 100,
　　105, 106, 176
アンガウル日本語　　81, 82, 94, 97, 176

い

委任統治領　　1, 8
意味範疇　　55, 56, 128, 148
意味変化　　53, 127, 148
意味領域　　56, 87

お

沖縄　　8, 25, 46, 59, 60, 61
音韻　　47, 118, 120
音韻規則　　120, 121, 125, 153, 161, 162
音韻対応　　122, 123

音韻体系　　33, 68, 113, 162, 176
音韻変化　　2, 120, 153, 177
音節構造　　71, 73, 176

か

格　　39, 40, 41
拡大用法　　48, 51
過剰使用　　46, 50
可能動詞　　51
カヤンゲル　　37, 42, 103, 105
感動詞　　58

き

規範意識　　63
疑問　　42, 89
教科書　　11
宜蘭クレオール　　96, 98

く

クレオール　　81, 95

け

形態素　　68, 92, 171
ゲサール　　8, 23, 46
言語獲得期　　37
言語景観　　115, 117
言語系統論　　7

こ

公学校　　10, 12, 26, 65, 117
国民学校　　10, 46

索引　221

誤用　　43, 48, 49, 52, 53, 54, 55, 92
コロール　　8, 9, 17, 19, 37, 46, 81, 82, 85,
　　86
混合言語　　81

さ

サイパン　　27, 61, 82, 106, 165
残存形　　57, 58, 59
残存日本語　　1, 37, 45, 46, 57, 58, 59, 61,
　　62, 63, 113, 177
参与観察　　45, 81, 82, 88

し

時間表現　　41, 48
自然習得　　85, 87, 92, 95
史的現在用法　　39, 46
準クレオール　　96
準ピジン　　1, 97, 113, 176
小学校　　10, 46
条件表現　　41, 42, 43
使用語彙　　132, 133
証拠性　　48, 50, 51

す

スペイン　　7, 25, 27

せ

正書法　　76, 118, 120, 123, 124, 126, 127
声門閉鎖音　　33, 69, 73, 74, 77, 120, 153,
　　154, 158, 159
世代変化　　131, 177
接触言語　　81, 95

そ

促音　　71, 72, 77, 176
尊敬語　　60

た

代名詞　　60
台湾　　66, 67, 96

ち

チャンク　　86, 88, 92
中間言語　　1, 37, 43, 46, 50, 62, 63, 81,
　　94, 95
チューク　　83, 165, 166, 167, 168, 169,
　　171, 173
中舌母音　　68, 69, 70, 76, 77, 118, 176
長(母)音　　71, 72, 76, 77, 119, 160, 176,
　　177

つ

綴り　　113, 118, 120, 124, 125, 126, 177

て

定型表現　　167
テンス　　39, 46, 94

と

ドイツ　　7, 25, 31, 42
ドイツ領　　8

な

中島敦　11
南洋群島　11
南洋庁　1, 10, 165, 168

に

二重母音　71, 77, 154, 160, 161, 176
日系人　25, 27, 30
日本名　25, 26, 27, 28, 29, 30, 31, 33, 34

の

ノダ文　40

は

派生語　129, 171, 172, 173
八丈（島）　25, 61
バベルダオブ　8, 17, 20, 46, 82
半構造化インタビュー　37, 38, 45

ひ

ピジン　81, 92, 95

ふ

父系社会　27
文末詞　60

へ

閉音節　68, 70, 72, 73, 77, 176

ほ

母系社会　27

ま

満州　66, 67

も

木工徒弟養成所　11, 18, 19

や

ヤップ　27, 82, 165, 166, 167, 168, 169, 171, 173

り

理解語彙　132, 133
リンガフランカ　14

る

類似語混同現象　52, 53, 54

れ

練習生　10, 13, 14, 15, 61, 175
連体修飾　38, 39, 43, 47
連母音　154

【著者紹介】

今村圭介（いまむら けいすけ）

〈略歴〉

1986 年、東京都生まれ。首都大学東京都市教養学部を卒業、同大学院人文科学研究科博士後期課程を修了し、2014 年に博士(日本語教育学)を取得。現在、東京医科歯科大学教養部助教。

〈主な論文〉

"Pursuit of Insular Authenticity: Spelling Reform of Loanwords in Palauan" *Shima: the international journal of research into Island cultures* 12 (1) (2018)、"The Lexical Influence of English on Japanese Language: Toward Future Comparative Studies of Anglicisms"『Global studies』2 号 (2018)、「日本統治を経験したパラオ人によるパラオ語の片仮名表記」『日本語研究』37 号 (2017)、ほか。

ダニエル・ロング（Daniel Long）

〈略歴〉

1963 年、アメリカテネシー州生まれ。1982 年に来日し、1987 年に大阪大学大学院入学。1995 年同大学院から博士 (文学)取得。大阪樟蔭女子大学日本語研究センターの助教授を経て、1999 年から東京都立大学。現在、首都大学東京人文科学研究科日本語教育学教室教授。

〈主な著書(共編著含む)〉

『マリアナ諸島に残存する日本語』(2012)、『日本語からたどる文化』(2011)、『世界の言語景観　日本の言語景観』(2011)、*English on the Bonin (Ogasawara) Islands* (2007)、『小笠原ことばしゃべる辞典』(2005)、『小笠原ハンドブック』(2004)、『小笠原学ことはじめ』(2002)、ほか。

パラオにおける日本語の諸相

The Japanese Language in Palau: Colonial Vestiges and Loanwords
Imamura Keisuke and Daniel Long

発行	2019 年 2 月 20 日　初版 1 刷
定価	5800 円＋税
著者	© 今村圭介、ダニエル・ロング
発行者	松本功
装丁者	中山銀士＋金子暁仁
印刷所	三美印刷株式会社
製本所	株式会社 星共社
発行所	株式会社 ひつじ書房
	〒 112-0011 東京都文京区千石 2-1-2　大和ビル 2 階
	Tel.03-5319-4916　Fax.03-5319-4917
	郵便振替 00120-8-142852
	toiawase@hituzi.co.jp　http://www.hituzi.co.jp/

ISBN978-4-89476-953-3

造本には充分注意しておりますが、落丁・乱丁などがございましたら、
小社かお買上げ書店にておとりかえいたします。ご意見、ご感想など、
小社までお寄せ下されば幸いです。